Anna Koellreuter
Das Tabu des Begehrens

Reihe »edition psychosozial«

Anna Koellreuter

Das Tabu des Begehrens

Zur Verflüchtigung des Sexuellen in Theorie und Praxis der feministischen Psychoanalyse

Psychosozial-Verlag

Die Deutsche Bibliothek - CIP-Einheitsaufnahme
Koellreuter, Anna:
Das Tabu des Begehrens : zur Verflüchtigung des Sexuellen in Theorie
und Praxis der feministischen Psychoanalyse / Anna Koellreuter. -
Gießen : Psychosozial-Verl., 2000
(Edition psychosozial)
ISBN 978-3-89806-041-7

© 2000 Psychosozial-Verlag
Goethestr. 29, 35390 Gießen
Tel.: 0641/77819, Fax: 0641/77742
e-mail: info@psychosozial-verlag.de
www.psychosozial-verlag.de
Alle Rechte, insbesondere das des auszugsweisen Abdrucks
und das der fotomechanischen Wiedergabe, vorbehalten.
Umschlagabbildung: »Tochter und Ältere« (1992) von Ulrike Körbitz
Umschlaggestaltung: Till Wirth nach Entwürfen
des Ateliers Warminski, Büdingen
Printed in Germany
ISBN 978-3-89806-041-7

Inhalt

Vorwort 9

Einleitung:
Zum Stellenwert des Triebhaften für die weibliche
Subjektkonstitution 13

1. Die Libido 23

1.1. Trieb, Phantasie, Triebschicksal 23
1.2. Trieb im Gegensatz zum Instinkt 32
1.3. Das Sexuelle, das Begehren 36

2. Freud und das Rätsel »Weib« 39

2.1. Die »Hysterie« wird zur »Neurose«: Von der
     Verführungs- zur Triebtheorie 39
2.2. Die infantile Sexualität 43
2.3. Die Frauenbewegung und Freud 45
2.4. Die Weiblichkeitsdebatte in den 30er Jahren 48
2.5. Freuds Texte zur Weiblichkeit 53
2.6. Zusammenfassung 58

3. Die Libido im feministisch-
psychoanalytischen Diskurs 59

3.1. Die Frauenbefreiungsbewegung in den 70er Jahren 62
3.2. Feminismus und Psychoanalyse in den 80er Jahren 66
3.3. Einige Anmerkungen zum Differenzdiskurs
     in den 90er Jahren 68
3.4. Nancy Chodorows »Frauen muttern« 70

3.5. Jessica Benjamins »Intersubjektiver Raum« 75
3.6. Die Verbindung der Psychoanalyse
    mit dem Differenzdiskurs 79

4. Das Sexuelle und der mütterliche Körper 81

4.1. Laplanches Triebverständnis 81
4.2. »Von der eingeschränkten zur
    allgemeinen Verführungstheorie« 85
4.3. Die drei Urphantasien: Urverführung, Urszene
    und Kastration als sexuelles Rätsel 89
4.4. Die sexuelle Mutter 91

5. Das Homosexualitätstabu 95

5.1. Die Homosexualität in der Psychoanalyse 96
5.2. Die Homosexualität und das Homosexualitätstabu
    in der feministischen Auseinandersetzung 103
5.3. Die primäre homosexuelle Objektwahl und das
    Homosexualitätstabu 108

6. Das Fremde zwischen zwei Frauen 111

6.1. Grundsätzliches zur Gegenübertragung 112
6.2. Das Fremde in der gleichgeschlechtlichen Beziehung 120
6.3. Vignette: Konfrontation mit dem Fremden 122
6.4. Die Analysandin als fremde Kultur 125

7. Das sexuelle Rätsel in der Übertragung 127

7.1. Das sexuelle Rätsel 127
7.2. »Gefüllte Übertragung, hohlförmige Übertragung« 130
7.3. Triebregungen im Es 133

8. Stagnationen im Analyseprozeß 135

8.1. Verführungen in der Frau-Frau-Analyse (Fallvignette) 136
8.2. Das Homosexualitätstabu im Analyseprozeß 139

Schlußwort:
Das Begehren – Die Konfrontation mit der Einsamkeit 141

Literaturverzeichnis 147

Dank 155

Vorwort

Paul Parin

Wissenschaftliche Fortschritte, die Anerkennung gefunden und sich unleugbar als wirkliche Fortschritte erwiesen haben, lösen in der Welt der Forscher oft eine merkwürdige Polemik aus. Ohne daß die neue Entdeckung bestritten würde, erweist sich diese als Hemmnis für weitere theoretische Einsichten oder für eine Verbesserung der Praxis. Erst nach einem langen und oft leidenschaftlich geführten Streit kann ein nächster Schritt erfolgen und zur Ergänzung oder Erweiterung der Methode führen.

Dieses Phänomen ist nicht allein auf die Starrheit der Strukturen oder auf die konservative, engstirnige oder neidische Haltung der Kollegen und Kolleginnen zurückzuführen. Gerade in Zeiten innovativer Neuentdeckungen kann es beobachtet werden. Es handelt sich um einen wissenschafts-soziologischen Vorgang, bei dem Autoritäten, Prestige, hierarchische Strukturen, Traditionen und sogar nationale Denkgewohnheiten, kurz Mentalitäten, eine Rolle spielen.

Ein unverdächtiges Beispiel ist der langjährige und heftige Zwist der Anhänger der »Molekularpathologie« von Rudolf Virchow mit jenen der »Humoralpathologie« von Eppinger. In den Jahren der stürmischen Entwicklung der Humanmedizin war Virchow der Forscher, der unsere Kenntnisse pathologischer Vorgänge im menschlichen Körper am meisten gefördert hat. Die Zelle und das Gewebe von Zellen seien der Ort, an dem Veränderungen und Entgleisungen der Physiologie studiert und erkannt werden könnten. Virchow war ein moderner fortschrittlicher Mann, als Politiker im »Kulturkampf« ein Gegner Bismarcks. Nach seinem Tod 1902 setzten seine Anhänger den Streit noch einige Jahre fort. Wenn Virchows Molekularpathologie stimme, könne die Humoralpathologie von Eppinger, die Untersuchung von Blut, Serum etc. nicht stimmen. Als ich mein Medizinstudium begann (1934) waren beide Richtungen in die Pathologische Physiologie integriert; der Streit der Forscher war eine fast vergessene Phase der Geschichte der Medizin.

Die Psychoanalyse von Sigmund Freud rührte an Traditionen und Mentalitäten, die von Tabus geschützt und in Denkmustern festgeschrieben waren. Das wissenschaftlich-soziologische Phänomen des »großen« Fortschritts, der weiteren Einsichten im Weg steht, hat sich an der Psychoanalyse auf dramatische Art manifestiert.

Freud konnte einen Mangel der Psychoanalyse, den der Entdecker selbst wiederholt eingestanden hat, nie ganz einleuchtend überwinden und mit einer plausiblen Erklärung beseitigen: Das kleine Mädchen wurde – so hieß es – als Mangelwesen erkannt. Das Fehlen des Penis sei ein anatomisch begründeter Defekt, bestimme die sexuelle Entwicklung, begründe die passive Einstellung der Frau gegenüber der aktiven des Mannes, und davon ausgehend den weiblichen Masochismus, den Penisneid und die ganze – anatomisch begründete – »Psychologie des Weibes«, von der Freud sagt, daß sie ihm ein Rätsel geblieben ist.

Als erste hat Karen Horney versucht, die Psychologie der Frau anders zu analysieren, allerdings nicht mit psychologischen, sondern mit soziologischen Argumenten. Mit dem Neuaufkommen des Feminismus wurde die Psychoanalyse vorerst nicht als Instrument zur Erforschung des Unbewußten der Frau aufgefaßt. Freud wurde als patriarchaler, in seinen Vorurteilen befangener Gegner der Frau angegriffen. In der Nachfolge von Simone de Beauvoirs Dictum »Zur Frau wird man gemacht« sind zahlreiche, einander zum Teil widersprechende Deutungen formuliert worden. Die Psychoanalyse blieb für die meisten der neuen Feministinnen: der Feind.

Anna Koellreuter gibt einen Überblick über all jene »feministischen« Deutungen, denen gemeinsam ist, daß sie vom Trieb/Abwehr-Modell der Psychoanalyse abweichen. Dazu sind sie gezwungen, weil der Beginn, die triebhaft-sexuelle Beziehung der Mutter zum neugeborenen Mädchen, ausgespart bleibt.

So vielfältig und zum Teil auch scharfsinnig die Versuche sind: die Aufklärung des Beginns und damit der ganzen weiteren Entwicklung zur Weiblichkeit ging nur gegen zahlreiche einander ergänzende Widerstände vor sich.

Da war erstens die Triebtheorie selbst, die aufgegeben wurde (die

Libido bei Freud ist nicht als anatomischer Unterschied, sondern aus den Phantasien, die sich aus dem Unterschied ergeben, zu verstehen). Im Einklang mit der neueren Ichpsychologie wurden Konflikte nicht mehr als solche zwischen Trieb und Abwehr, mit dem Kriterium Lust/Unlust, sondern als Konflikte zwischen Objekten beschrieben. Das Sexuelle hatte sich aus den Analysen verflüchtigt. Ein weiteres Tabu betraf den Beginn der Mutter-Beziehung zur Tochter. Diese war nach Freud nur als homosexuelle Beziehung zu verstehen. Das kulturell bedingte Tabu der Homosexualität wirkte sich im Denken auch der bewußt lesbisch argumentierenden Analytikerinnen als eine weitere Hemmung aus. Die frühe Mutter-Tochter-Beziehung wurde desexualisiert, die »nicht genügend gute« Mutter angeschuldigt und die Entwicklung zur Weiblichkeit als Pathologie, die homosexuelle Objektwahl als narzißtische Reparatur beschrieben.

Unsere Autorin holt weiter aus und kehrt kompromißlos zur Triebtheorie zurück. Laplanche und Morgenthaler sind ihre Leitfiguren. Laplanche hat das sexuelle Rätsel in der Urverführung des Mädchens durch die Mutter ins Auge gefaßt. Morgenthaler unterscheidet das Es, die Triebhaftigkeit als energetisches Potential von der Sexualität, die er als Ergebnis der sexuellen Entwicklung versteht.

Eigene Erfahrungen in einer fremden Kultur und vor allem die Selbstwahrnehmung der Analytikerin in ihrer Übertragung auf weibliche Analysanden machen es ihr möglich, die Entwicklung zur Weiblichkeit als Triebschicksal darzustellen. Es gelingt ihr, Manifestationen des eigenen Begehrens, rätselhafte Spannungen in der Übertragung auszuhalten. Sie kann die Freudsche Analyse der Weiblichkeit mit dem bisher fehlenden ersten Schritt ergänzen. Wie sie dazu gelangt, das ist der Inhalt des vorliegenden Buches.

Einleitung:
Zum Stellenwert des Triebhaften für die weibliche Subjektkonstitution

> Die Schöpferkraft eines Autors folgt leider nicht immer seinem Willen; das Werk gerät, wie es kann, und stellt sich dem Verfasser oft wie unabhängig, ja wie fremd gegenüber (Freud, 1938: 211).

Welche Rolle spielen die Triebe in der Analyse zwischen zwei Frauen?

Während meiner psychoanalytischen Arbeit beobachtete ich immer wieder, daß sich die Momente von Stagnation zwischen mir und einer Frau weitaus deutlicher zeigten als zwischen mir und einem Mann. Ich begann mich damit zu beschäftigen, was in einer Analyse zwischen zwei Frauen Besonderes abläuft. Stagnationen, Irritationen und Sprachlosigkeit im Analyseprozeß, die bei der Analytikerin bis zu Deutungsunvermögen führen können, interpretiere ich als Folge einer gemeinsamen Angstabwehr von Analytikerin und Analysandin. Denn Stagnationen in Beziehungen zwischen zwei Menschen können bekanntlich dann entstehen, wenn etwas drängend im Raume steht, das nicht gesagt werden darf, weil es irritiert, verunsichert, eventuell auch angst macht (Morgenthaler, 1986). Was also wird in solchen Momenten der Stagnation im Analyseprozeß zwischen zwei Frauen abgewehrt, was tabuisiert?

Während des Studiums feministisch-psychoanalytischer Literatur begegnete mir das Phänomen der Sprachlosigkeit beim Lesen der Texte von neuem. Auch in jenen Texten, die sich speziell mit der Frau-Frau-Situation befassen, also der Beziehung zwischen Mutter und Tochter, Freundinnen, Schwestern, Analytikerin und Analysandin, schien es diesen merkwürdigen blinden Fleck zu geben, wo sich Ratlosigkeit und Deutungsunvermögen breit machten, wo etwas fehlte (Koellreuter, 1996).

Dieses temporäre Deutungsunvermögen in gleichgeschlechtlichen Analysen ist für eine feministische Psychoanalytikerin auf der bewußten Ebene nicht nachvollziehbar. In meinen Seminaren[1] zum

Einleitung

Thema »Übertragung in gleichgeschlechtlichen Analysesituationen« kam dies deutlich zum Ausdruck. Der einstimmige Tenor der teilnehmenden Psychoanalytikerinnen war: *wenn* Stagnationen sich überhaupt zeigen, dann mit Männern. Jener blinde Fleck, der sich in den Analysesituationen zwischen zwei Frauen zeigte, schien sich in den Seminaren zu reproduzieren. Erst in der Diskussion konnte dieser blinde Fleck erschlossen werden. Der Anstoß dazu kam von den männlichen Teilnehmern. Interessanterweise waren sie es nämlich, die in ihren gleichgeschlechtlichen Analysen und Therapien vermehrt Angstmomente bei sich feststellten, mit denen sie konfrontiert waren. Sie nannten dies »schwule Geschichten«, die sie in gewissen Analysephasen lähmten. Oder anders ausgedrückt: Die Angst vor homosexuellen Liebesangeboten konnte bei ihnen zu Stagnationen im Analyseprozeß führen. Für den Umgang mit heterosexuellen Übertragungen schien das Repertoire bei männlichen Analytikern vorhanden zu sein. Auf der anderen Seite entstand der Eindruck, daß die Analytikerinnen in Analysen mit Frauen das eigene »Versagen« weniger akzeptieren konnten und die hohen Ansprüche an sich selbst weniger in Frage stellen durften als in ihren Analysen mit Männern.

Es ist die triebhafte Nähe in den Analysesituationen, die homosexuelle Übertragung, welche von den männlichen Analytikern direkter angesprochen wurde. Warum das so war, ist nicht ganz klar. Daraus ist aber keinesfalls zu schliessen, daß die Analytiker mit mehr Bewußtsein analysieren oder triebhafte Nähe besser zulassen könnten als die Analytikerinnen. Zu vermuten ist vielmehr, daß der Umgang mit symbiotischer Nähe unterschiedlich ist.

Was also spielt sich bezüglich der Triebe in der Analyse zwischen zwei Frauen ab? Und: Warum muß das Triebhafte – so scheint es – abgewehrt werden? Ohne die psychoanalytische Triebtheorie ist diese Frage nicht zu beantworten.

Gerade für feministische Entwürfe ist sie von besonderer Bedeutung. Denn seit einigen Jahren ist in diversen feministischen Publi-

---

1 gehalten am Psychoanalytischen Seminar Zürich und am Psychoanalytischen Seminar Bern, 1991 und 1992

kationen das »weibliche Begehren« Thema, ohne daß sich durch das Sprechen darüber etwas geklärt hätte. Im Gegenteil: Durch das Verbalisieren scheint sich die Distanz zum Sexuellen, zum Triebhaften noch zu vergrößern, was einer Triebabwehr gleichkommt. Verbale Verständigung über Sexualität kann die Illusion von Kontrolle vermitteln, die Illusion, eine Situation im Griff zu haben. Wie noch zu zeigen sein wird, ist dies keineswegs der Fall.

So ist z.B. in der neueren feministischen Literatur von der entsexualisierten Mutter die Rede, welche das sexuelle Begehren der Tochter nicht zulassen kann. In der Folge muß auch die Tochter Sexuelles unterdrücken, sie muß ihr Triebleben einschränken. Für Christiane Olivier beispielsweise ist »die andere Frau« (= Mutter) das Problem des kleinen Mädchens, des jungen Mädchens oder der Frau. Sie sagt, das Mädchen wird durch die Existenz der Mutter behindert, ist aber gleichzeitig auf sie angewiesen, um leben zu können. In der Folge träumt es in seinem Innersten vom männlichen Retter (= Vater; Olivier, 1991: 60). So wie die Mutter für den Sohn, so sei der Vater für die Tochter unersetzbar (ebd.: 30). Dies impliziert, daß nur die heterosexuelle Objektwahl möglich ist, die homosexuelle Mutter-Tochter-Beziehung theoretisch eliminiert wird, und damit auch die triebhafte Nähe zwischen Mutter und Tochter. Auch Nancy Chodorow argumentiert in dieser Weise (Chodorow, 1985). In ihren neueren Publikationen machen sich allerdings Bewegungen in eine andere Richtung bemerkbar.[2]

Im Bild der asexuellen Mutter steckt die gleiche Argumentation, wie sie im Konzept der »krankmachenden« Mutter enthalten ist: Wenn die Mutter anders wäre, wenn sie ein befriedigendes und erfülltes Leben hätte, dann könnte sie der Tochter dasselbe weitervermitteln. Eine solch einseitige Sichtweise läßt die innerpsychische triebhafte Realität außer acht und eliminiert die psychoanalytische Triebtheorie als Konflikttheorie. Das kleine Mädchen ist als potentes Wesen nicht grundsätzlich der Mutter ausgeliefert. Ulrike Schmauch beschreibt in ihren Beobachtungen von Müttern und Kindern sehr

---

2 N. Chodorow, 1989: »Feminism and Psychoanalytic Theory«, und 1990: »Femininities, Masculinities, Sexualities«. In diesen Publikationen setzt sie sich vermehrt mit dem Thema Homosexualität auseinander. Triebtheoretisch sind diese Publikationen aber nicht relevant.

schön die Wechselwirkungen zwischen beiden Seiten:

> Zu den Wirkungen des kleinen Kindes auf seine Erwachsenen gehört, daß es sie mit seiner Fleischeslust ebenso betören wie angreifen kann. Mit seinem unberechenbaren, überfließenden Körper, mit Begierden, Blähungen und Gebrüll ist das Kind für seine Erwachsenen eine Provokation. Es löst durch seine Körperlichkeit und Abhängigkeit in ihnen teils abwehrende oder angstbestimmte, teils *triebhafte Reaktionen und Phantasien* aus. Zur irritierenden, gewissermaßen »passiv« bzw. »per se« wirkenden Körperlichkeit kommt später die aktiv werbende Erotik hinzu, weiterhin das Berührtwerden durch die infantilen Phantasien, die Kinder im Zusammenhang ihrer sexuellen Forschungen und ödipalen Leidenschaften entwickeln (Schmauch, 1994: 99; Hervorhebung AK).

Damit wird deutlich, daß die Mutter nur einen von vielen anderen innerpsychischen und gesellschaftlichen Einflußfaktoren darstellt.

Meiner Meinung nach ist die Frauenunterdrückung mit der Triebunterdrückung gekoppelt. Beides konstelliert sich schon früh im Leben des Mädchens. Analysen des Patriarchats, welche die Triebtheorie nicht berücksichtigen, reichen daher nicht aus. Es ist eine Illusion zu glauben, Veränderungen seien machbar und mit reinem Willen zu erreichen. Deshalb ist es unumgänglich, sich mit der Bedeutung der Triebe für die weibliche Subjektkonstitution zu befassen resp. mit deren Verdrängung. Denn verschwunden sind die Triebe, welche Lust, Vitalität und Potenz beinhalten, nicht.

Ich vertrete folgende These:

Stagnationen im Analyseprozeß zwischen zwei Frauen weisen auf eine *gemeinsame Triebverdrängung* hin. Diese Triebverdrängung konstelliert sich in der ersten Frauenbeziehung, nämlich in der frühen Mutter-Tochter-Beziehung, und bleibt bestimmend für alle Frauenbeziehungen – so auch für die weibliche gleichgeschlechtliche Analyse.

Meine Arbeit ist eine Auseinandersetzung mit der Triebtheorie, die sich seit Freud in Theorie und Praxis verflüchtigt. Insbesondere interessiert mich die Verdrängung des Sexuellen, des Libidinösen im feministisch-psychoanalytischen Weiblichkeitsdiskurs und der Umgang damit in der Übertragungssituation zwischen Analytikerin und Analysandin. Unter den Triebbegriff ließen sich neben der Libido auch der Aggressionstrieb, die Ich-Triebe, der Narzißmus und die Differenzierung der Partialtriebe subsumieren. Ob aber der Aggressionstrieb als genuiner Trieb wirklich existiert, ist unklar, die Aggression wird vielfältig definiert. Morgenthaler beispielsweise meint, daß es keine Aggressionsentwicklung analog der Libidoentwicklung gebe:

> Es gibt auch keine Aggressionsorganisation, die der Sexualorganisation entspräche. Die eigentliche Heimstätte der Sexualität sind die Geschlechtsorgane und ihre Funktionen. Demgegenüber hat die Aggression keine Heimstätte und ist den Guerilleros vergleichbar: irgendwo verborgen, ohne feste Funktion und nirgends einheitlich zu fassen. Sie erscheint immer dann, wenn irgendetwas stranguliert wird (Morgenthaler, 1985: 150).

Für feministische Entwürfe könnte diese Schreibweise fruchtbar sein. Denn wenn die Aggression als Reaktion auf blockierte Libido definiert wird oder »sich die Verhältnisse im Ich so entwickeln, daß die emotionale Bewegung in irgendeiner Weise gehemmt oder gestört wird« (ebd.), dann wäre zu schließen, daß nicht-blockierte Libido zu konstruktiver Aggression im Sinne von Potenz und Vitalität führen würde.

Was heißt nun »feministisch psychoanalysieren«?

Für mich heißt das: das vorhandene patriarchale, und damit auch das Freudsche Denken immer wieder von neuem gründlich in Frage zu stellen, ohne daraus eine »Feministische Therapie« entwickeln zu wollen, diese ergibt sich dann von selbst. Feministische Psychoanalyse bedeutet für mich, die Leerstellen in Freuds Texten bezüglich Weiblichkeit zu eruieren und mich damit auseinanderzusetzen, und dies folglich auch in den feministisch-psychoanalytischen Publikationen; also den blinden Flecken auf die Spur zu kommen, welche unser Denken lähmen können bis hinein in die Analysestunden.

Damit komme ich zu meiner Kernfrage, die mich nach wie vor immens beschäftigt: Warum meinen feministische Psychoanalytikerinnen immer noch, auf die Triebtheorie verzichten zu können? Im kürzlich erschienenen Buch über den Beruf des Psychoanalytikers sagt beispielsweise Karin Bell, daß die Triebtheorie, wie Freud sie konzipierte nicht mehr aufrecht zu erhalten sei (Bell, 1997: 69). Ihrer Ansicht nach sind heutzutage andere Bestimmungen des Menschen wichtig geworden: Anstelle von Sexualität und Triebtheorie stünden heute die Beziehungen und Affekte. Karin Bell reiht sich mit ihrer Auffassung in die ObjektbeziehungstheoretikerInnen ein, unter die auch viele feministische Psychoanalytikerinnen zu zählen sind, welche sich von der Triebtheorie verabschiedet haben.

So beinhaltet z.B. eine Aussage wie: »Wir sind keine Sklaven des Unbewußten – das Unbewußte diktiert uns deshalb auch nicht unsere Realität!« (Rohde-Dachser, 1990: 240) die Angst, »nicht Herrin im eigenen Hause« zu sein. Was gleichbedeutend ist mit der Angst vor der Konfrontation mit jenen dunklen Kräften im Seelenleben, welche Denken, Fühlen und Handeln determinieren (Leuzinger-Bohleber, 1997: 73).

Das Unbewußte ist das Anstößige, Querliegende, Tabuisierte, Peinliche im Individuum und auch in der Gesellschaft. Das Unbewußte ist der Ort der libidinösen Phantasien, im Leben, wie auch in der Analyse. Deshalb ist die Frage interessant, warum ohne Triebtheorie die neuen Weiblichkeitskonzepte nicht halten können was sie versprechen. Denn oft sind diese Entwürfe an jene Stellen getreten, an welchen in der psychoanalytischen Theorie das Ambivalente, Konflikthafte, Triebhafte, Unbestimmbare, – das eigentlich *nicht*-Lösbare erscheint.

Ich möchte in diesem Buch versuchen darzustellen, wie sich das Triebhafte in der Frau-Frau-Analyse zeigt, und daß der triebhafte Umgang im Analyseprozeß primär von der Analytikerin abhängig ist. Muss *sie* das Libidinöse, Sexuelle abwehren, dann muß dies auch die Analysandin tun. Denn das »Mehr an unbewußtem Wissen« liegt auf Seiten der Analytikerin, worauf ich noch zu sprechen kommen werde (7. Kapitel). Mir ist bewußt, daß meine Beschränkung auf das Sexuelle zwischen Frauen manchen Leserinnen und Lesern zu einseitig erscheinen mag. Wie vorhin angedeutet, ist es nicht klar, ob ein genuiner Aggressionstrieb wirklich existiert. Oder ob die Ich-Triebe unter die Triebe zu zählen sind. Für Jean Laplanche beispielsweise existiert nur der Sexualtrieb, der unser gesamtes Leben prägt. Die Beschränkung auf das Sexuelle in den folgenden Texten ist jedoch keinesfalls weniger ängstigend als es eine Auseinandersetzung mit dem Aggressiven wäre.

Seit ihren Anfängen befaßt sich die Psychoanalyse mit dem Material von Phantasien, die sich in der Übertragung und Gegenübertragung zeigen. Diese basieren auf der beiderseitigen Verführung, die wiederum Kern des analytischen Prozesses zwischen Analysandin und Analytikerin ist.

Wenn wir davon ausgehen, daß die Subjektkonstitution mit der Bildung des Unbewußten beginnt, und die Verführung ein unbewußter Vorgang ist, so können wir fragen: Wie entsteht denn dieses Unbewußte? Wie konstellieren sich die unbewußten Phantasien, die unser Denken und Handeln prägen? Und wo beginnt die Verführung?

Es sind mir kaum Autorinnen oder Autoren bekannt, welche das triebhafte Geschehen im Analyseprozeß immer wieder derart in den Vordergrund stellen, wie Jean Laplanche dies tut, abgesehen von Fritz Morgenthaler, welcher in seinen Texten hauptsächlich auf das Sexuelle in der Übertragung verweist. Leider ist nur ein kleiner Teil von Laplanches Publikationen in deutscher Übersetzung erschienen.

Laplanches Gedankengänge zur Eruierung der unbewußten Phantasien dienen mir in mehrfacher Hinsicht als Möglichkeit zu verstehen, was sich in der Frau-Frau-Analyse abspielt. Als roter Faden werden seine Gedankengänge in dieser oder jener Form in den sieben Kapiteln erscheinen, die alle unabhängig voneinander gelesen werden können und doch in einem engen Zusammenhang stehen.

So wird im 1. *Kapitel* die Bedeutung der Libido oder des Sexuellen geklärt, um diesen Begriff für weitere Überlegungen verfügbar zu machen, bzw. um zu zeigen, wie mit der Triebtheorie gearbeitet werden könnte. Wird in feministischen Zusammenhängen die Freudsche Triebtheorie abgelehnt, so deshalb weil sie immer noch als rein biologisches Konstrukt verstanden wird, welches in der Aussage »Anatomie ist Schicksal« mündet, was von den Feministinnen zu Recht abgelehnt wird. Deshalb gilt es, den Zusammenhängen von Biologie und Trieb auf die Spur zu kommen. Denn ohne Biologie ist eine Triebkonzeption nicht denkbar. Aber ebenso sind die Triebe nicht nur einfach biologisch determiniert, was eine biologistische Sichtweise wäre.

Das 2. *Kapitel* hat die Entwicklung von Freuds Trauma- zur Triebtheorie zum Inhalt. Denn erst die Entdeckung der Bedeutung der Triebe konnte die Entwicklung der menschlichen Psyche klären. Die Triebtheorie diente 1905 als Basis zu Freuds Konzepten der

Einleitung

infantilen Sexualität wie Penisneid, Ödipuskomplex und Kastrationsangst. Wie diese Worte illustrieren, sind es Konzeptionen, welche das männliche Wesen zum Ausgangspunkt seiner Gedanken nehmen. Trotzdem hat sich Freud gegen Ende seines Lebens mit der Weiblichkeit befaßt, in einer Art und Weise, die seine lebenslange Unsicherheit, aber auch seine Neugier dem *Rätsel Weib* gegenüber klar zeigt.

Im Anschluß an die Erörterungen über Freud und die Frauen werde ich versuchen, den Stellenwert der Libido im Weiblichkeitsdiskurs (3. *Kapitel*) nachzuzeichnen, der mit der Weiblichkeitsdebatte in den 30er Jahren begann und sich über das ganze 20. Jahrhundert erstreckte. Damals begann, wie im 2. Kapitel nachgezeichnet, eine bis heute anhaltende Diskussion darüber, wie die weibliche sexuelle Entwicklung innerhalb der psychoanalytischen Theorie zu situieren sei. Die Verdrängung des Triebhaften war für die Diskussion prägend und läßt sich auch in den aktuellen Publikationen nachweisen. Dies kann nicht ohne Folge für praktizierende Analytikerinnen sein, die sich über feministisch-psychoanalytische Literatur weiterbilden. Das Anliegen dieses Kapitels ist es, aufzuzeigen, weshalb Konzepte, welche die Triebtheorie außer acht lassen, begrenzt sein müssen. Denn letztlich können sie nicht halten, was sie versprechen.

Im nachfolgenden 4. *Kapitel* werden die Gedankengänge von Laplanche dargestellt. Laplanches Triebverständnis weicht in keinem Punkt von Freud ab, sondern stellt eine Weiterentwicklung dar. Er eruiert die Lücken in Freuds Theorie und kommt »Von der eingeschränkten (nämlich Freuds, AK) zur allgemeinen (seiner eigenen, AK) Verführungstheorie«, in welcher er die fundamentale sexuelle Rolle der Mutter für das Kind aufzeigt, einer sexuellen Mutter, welche nach Freuds Aufgabe seiner Verführungstheorie verschwunden blieb. Laplanches Konzeption über die Mutter als Urverführerin, anstelle des real sexuell traumatisierenden Vaters hat von feministischer, aber auch von anderer Seite, vehemente Kritik ausgelöst. Das absurde Mißverständnis bestand darin, daß die Kritikerinnen Laplanche vorwarfen, er schiebe die real sexuelle Verführung anstelle des Vaters nun der Mutter zu, nun sei es die Mutter, die sich an der kleinen Tochter sexuell vergehe. Eine weitere Kritik an Laplanche, die nach wie vor bestehen bleibt, betrifft die Idee, daß in seinem Konzept wiederum allein der Mutter die Schuld zugeschoben würde in bezug auf die kindliche psychosexuelle Entwicklung. Dabei wird verkannt, daß es immer um die gegenseitige Verführung, um die unbewußte Interaktion und Kommunikation zwischen Mutter und Tochter geht.

Da das Hauptanliegen dieses Buches die Untersuchung der Frau-Frau-Situation ist, egal welche sexuellen Ausrichtungen die betreffenden Frauen haben, behandelt das 5. *Kapitel* das Homosexualitätstabu. Es wird hier der Umgang mit der Homosexualität in der Psychoanalyse bis hin zu den feministischen Weiterentwicklungen untersucht. In der feministischen Auseinandersetzung wird zwar das Homosexualitätstabu aufgearbeitet, jedoch schleichen sich pathologisierende Zuschreibungen und Diagnosen unbewußt doch wieder ein. Ich möchte aufzeigen, wie tief dieses Tabu verankert ist und unbewußt bis in die feministischen Konzeptionen hineinwirkt.

Das 6. *Kapitel* hat den Umgang mit dem Fremden an sich und mit demjenigen zwischen zwei Frauen zum Inhalt. Ausgegangen wird von den sehr divergenten Ansichten in der psychoanalytischen (historischen) Gegenübertragungsgeschichte. Daß Freud in seinen Analysen einen eigenen Umgang, weit entfernt von seinen theoretischen Schriften, pflegte, soll anhand von Cremerius Studie kurz illustriert werden. Übertragung und Gegenübertragung sind im Zusammenhang mit dem Unbewußten, dem Fremden zwischen zwei Menschen zu verstehen. Hier interessiert uns, wie es mit dem Fremden zwischen zwei Frauen steht, daß die Analysandin für die Analytikerin so fremd sein kann wie eine fremde Kultur.

Im 7. *Kapitel* geht es um das sexuelle Rätsel in der Übertragung, für mich der Kernpunkt von Laplanches Texten, und wenn man so will: der Kernpunkt des analytischen Geschehens an sich. Morgenthaler verweist seinerseits immer wieder auf das Sexuelle in der Übertragung. So sind Morgenthalers Gedankengänge verwandt mit Laplanches, und doch ganz anders. Es wird versucht, Verknüpfungen zwischen den beiden herzustellen.

Zum Schluß präsentiere ich im 8. *Kapitel* eine Fallvignette. Im Anschluß daran folgt die Analyse meiner eigenen Übertragungsangst, da es mir in meiner Untersuchung hauptsächlich um die

Analytikerin geht und weniger um die Analysandin (A. Koellreuter, 1987). Ich versuche, der gemeinsamen Triebabwehr von Analytikerin und Analysandin auf die Spur zu kommen und diese in einen Zusammenhang mit dem Homosexualitätstabu und der Mutter-Tochter-Beziehung als Wiederkehr des Verdrängten zu bringen.

1. Die Libido

Es gibt nur eine Libido [...]. Wir können ihr selbst kein Geschlecht geben (Freud, 1933: 141).

Bekanntlich existiert kein psychoanalytisches Triebkonzept für die Frau. Zugleich besteht das Paradoxe darin, daß bisher keine andere Theorie zur weiblichen Sexualentwicklung und damit zur weiblichen Subjektkonstitution entwickelt wurde als diejenige von Freud und seinen Nachfolgerinnen und Nachfolgern. Ohne Triebtheorie ist jedoch weibliche Subjektkonstitution nicht denkbar.

Was heißt »Libido«? In Freuds Texten meint Libido den Sexualtrieb in seiner allgemeinsten Form. Aber unabhängig von ihren körperlichen Manifestationen, war die Libido für Freud vor allem eine psychische Kraft, welche Seele und Körper auflädt und durchflutet und dadurch bestimmend auf unser Leben einwirkt.

Im folgenden werden der psychoanalytische Triebbegriff und das Triebschicksal erläutert. Ausgehend von den Freudschen Triebdefinitionen ist immer wieder auf den Unterschied zwischen einer biologistischen Sichtweise und der psychischen Repräsentanz der Triebe hinzuweisen. Es wird dargelegt, wie die Triebe über die unbewußten Phantasien Gestalt annehmen und zur Subjektkonstitution führen. Im feministischen Kontext werden Freuds eigene Aussagen, daß der Trieb weder männlich noch weiblich sei, oft übergangen und das Triebhafte dem Männlichen zugeschrieben. Freuds Unsicherheiten in bezug auf das Weibliche zeigen sich in vielen seiner Texte. Trotzdem gibt es etliche Textstellen, die sich für Weiblichkeitskonzeptionen erschließen lassen.

1.1. Trieb, Phantasie, Triebschicksal

Die Schwierigkeit zu formulieren, was ein »Trieb« ist bzw. was man sich unter einem Trieb vorzustellen hat, ist schon in Freuds Schriften festzustellen. In der bekanntesten seiner vielen Definitionen wird der Trieb beschrieben als:

[...] Grenzbegriff zwischen Seelischem und Somatischem, als psychischer Repräsentant der aus dem Körperinnern stammenden in die Seele gelangenden Reize (Freud, 1915c: 214).

Die Trennung zwischen Trieb und psychischer Repräsentanz, d.h. psychischem Ausdruck nimmt er später vor:

> Ein Trieb kann nie Objekt des Bewußtseins werden, nur die Vorstellung, die ihn repräsentiert [...]. Wenn wir aber doch von einer unbewußten Triebregung reden [...], können [wir] nichts anderes meinen als eine Triebregung, deren Vorstellungsrepräsentanz unbewußt ist (Freud, 1915e: 275).

Was hat man sich nun unter diesen abstrakten Formulierungen vorzustellen? Wenn Freud sagt: »Der Triebreiz stammt nicht aus der Außenwelt, sondern aus dem Innern des Organismus selbst« (1915c: 211), dann heißt das, daß der Trieb seinen Ursprung im Körper hat und nur als »psychischer Repräsentant« faßbar ist. Diese psychischen Repräsentationen sind als Inhalte der Phantasien zu verstehen. Solche Inhalte finden sich in den unbewußten Phantasien in Form von Träumen oder von Symptomen, aber auch in bewußten Phantasien wie z.B. in Tagträumen und erotischen Phantasien. Bewußte wie unbewußte Phantasien formen die Wünsche eines Menschen. Es sind also die Inhalte, die Formen, die Gestalten der Phantasien, welche das psychische Leben strukturieren – oder anders ausgedrückt: der Subjektkonstitution zugrunde liegen – und nicht die Biologie oder die Natur. Das heißt, obschon der triebliche Ursprung im Körperlichen liegt, ist das Wesentliche die Art der psychischen Umsetzung des Triebreizes. Es spielt also eine Rolle, ob unsere Phantasien einem weiblichen oder einem männlichen Körper entstammen. Deshalb wird das Kind mit dem Bade ausgeschüttet, wenn ein Großteil der Feministinnen die Triebtheorie als biologisches Konzept ablehnt. Damit setzen sie sich ungewollt enge Grenzen. Sie gehen davon aus, daß die Aussage »Anatomie ist Schicksal« die Frauen auf ihre Anatomie und somit auf ihr Frausein, das unterdrückt wird, reduziert.

In den Freudschen Texten erscheint der Triebbegriff erst 1905 in den »Drei Abhandlungen zur Sexualtheorie«. Aber der Triebbegriff als energetischer ist bereits in der Unterscheidung enthalten, die Freud zwischen inneren und äußeren Reizen vornimmt, denen das Individuum unterworfen ist. Vor äußeren Reizen ist das Subjekt imstande zu fliehen oder sich vor ihnen zu schützen. Hingegen sind es die inneren Quellen, die eine konstante Reizüberflutung bewirken, denen der Organismus nicht ausweichen kann und welche die Triebfeder für das Funktionieren des psychischen Apparates sind. Im Zentrum steht also der Trieb als somatische Reizquelle und ihrer psychischen Auswirkungen, das heißt der Wünsche nach Triebbefriedigung bis hin zum Konflikt, wenn diese Befriedigung eingeschränkt oder behindert wird.

Zum Begriff des Triebes gehört das *Triebschicksal*, welches den Umgang mit dem Triebhaften meint oder auch die Art der Triebabwehr. Die Klärung des Triebschicksalbegriffs eröffnet erst das Verständnis für die geschlechtsspezifisch weibliche Verdrängung.

Zur Erörterung des Triebschicksals gehören die vier Termini, die Freud im Zusammenhang mit dem Trieb beschreibt: Drang, Ziel, Objekt und Quelle. Die *Triebquelle* ist der somatische Vorgang oder Ablauf in einem Organ oder Körperteil, dessen Reiz (Triebreiz) im psychischen repräsentiert wird. Das *Triebobjekt* ist das Objekt, durch welches das Triebziel erreicht wird. Das Triebobjekt ist das Variabelste am Trieb. Es können dies der eigene Körper oder aber fremde Objekte sein. Das Triebobjekt kann im Laufe des Lebens immer wieder gewechselt werden, was sich in den verschiedenen Beziehungen, Arbeitsumständen usw. zeigt. Von Objektfixierung kann gesprochen werden, wenn eine (zu) starke Bindung an ein Objekt besteht, welche die Triebbeweglichkeit einschränkt oder beendet bzw. erstarren läßt. Nach Freud geschieht dies in sehr frühen Phasen der Triebentwicklung, was von Bedeutung ist in der präödipalen Mutter-Kind-Beziehung. Das *Triebziel* beinhaltet schließlich die Triebbefriedigung, wenn das Ziel erreicht ist. Man spricht auch von partieller Befriedigung, wenn durch eine Hemmung das Ziel nicht erreicht werden kann, was wohl vielfach der Fall ist. Unter *Triebdrang* ist die Summe der Kraft, die der Trieb repräsentiert, zu verstehen. Freud sagt:

> Der Charakter des Drängenden ist eine allgemeine Eigenschaft der Triebe, ja das Wesen derselben. Jeder Trieb ist ein Stück Aktivität; wenn man lässigerweise von passiven Trieben spricht, kann man nichts anderes meinen als Triebe mit passivem Ziele (1915c: 214).

Die Triebschicksale werden, folgt man Freud, von den *drei* das Seelenleben beherrschenden *Polaritäten* bestimmt. Es sind dies *erstens* das

Gegensatzpaar *Aktivität-Passivität*, welches von Freud als biologische Polarität bezeichnet wird. Das heißt, die Passivität gegenüber äußeren Reizen wird durch die Aktivität der eigenen Triebe überlagert. Das *zweite* Gegensatzpaar meint die reale Polarität und betrifft *Subjekt* (*Ich*) und *Objekt* (*Außenwelt*). Den Außenreizen kann das Subjekt entfliehen, sich ihnen entziehen. Gegen die Innenreize oder Triebreize kann es sich nicht wehren, d.h., es ist nicht »Herr(in) im eigenen Hause«. Im *dritten* Gegensatzpaar stehen sich *Lust* und *Unlust* gegenüber und werden als ökonomische Polarität bezeichnet in dem Sinne, daß Unlustempfindung mit Steigerung und Lustempfindung mit Herabsetzung des Triebreizes zu tun hat (ebd.: 213).

An diesen Gedankengängen interessieren hier die von Freud gemachten Feststellungen zu der bekannten Gleichung: *aktiv = männlich* versus *passiv = weiblich*. Für ihn hat die Verknüpfung aktiv-passiv mit männlich-weiblich in der ersten Lebensphase, d.h. vor der ödipalen Entwicklungsphase, keine psychologische Relevanz. Erst nach der ödipalen Phase:

> Der Gegensatz Aktiv-Passiv verschmilzt späterhin mit dem von Männlich-Weiblich, der, ehe dies geschehen ist, keine psychologische Bedeutung hat. Die Verlötung der Aktivität mit der Männlichkeit, der Passivität mit der Weiblichkeit tritt uns nämlich als biologische Tatsache entgegen; sie ist aber keineswegs so regelmäßig durchgreifend und ausschließlich, wie wir anzunehmen geneigt sind (ebd.: 227).

Für Freud unterscheiden sich die Mädchen in ihrer Triebausstattung nicht von den Jungen. Trotz dieses emanzipatorischen Gedankens wird jedoch auf der Grundlage der *Primären Männlichkeit* »triebhaft« mit dem *männlichen* Prinzip verbunden – und die Männlichkeit wird als Vergleichsmaßstab für die weitere Theoriebildung benutzt; auch von Freud selbst. Das androzentrische Mißverständnis besteht darin, daß das Wesen des Menschen nun in seinem männlichen statt in seinem triebhaften Kern angesiedelt wird (Klemann, 1992). Verfolgt man die klischeehaften Analogien *männlich = aktiv versus weiblich = passiv* weiter, dann verschwindet das Triebhafte allmählich aus dem Weiblichen, da es eben ein »*aktives*« Geschehen – und somit männlich – ist. Daraus wurden die bekannten psychoanalytischen triebtheoretischen Entwicklungsbegriffe wie Kastrationsangst, Penisneid und Ödipuskomplex abgeleitet, wobei das Mädchen immer als Pendant zum

Knaben begriffen wurde – und nicht mehr als eigenständiges Wesen mit eigener Triebhaftigkeit. Dies zeigt sich auch darin, daß sich weibliche von männlichen Triebschicksalen unterscheiden, was bis heute so geblieben ist.

Ich möchte im folgenden als Beispiel den *Masochismus als weibliches Triebschicksal* erörtern. In der Debatte um den weiblichen Masochismus wird das Verschwinden des weiblichen Triebhaften deutlich. Man denke nur an Freuds Text über den Masochismus, der als spezifisch weibliche Eigenart den Frauen zugeschrieben und bei den Männern als neurotische Entwicklung dargestellt wird: in den Arten des erogenen, des femininen und des moralischen Masochismus (Freud, 1924c). Dahinter liegt die vorhin erwähnte Vorstellung von männlich = aktiv = sadistisch versus weiblich = passiv = masochistisch, die auch heute noch aufrechterhalten wird, obwohl doch bekannt ist, daß das eine nicht ohne das andere existiert, sondern Masochismus und Sadismus die beiden Seiten der gleichen Medaille sind: Eine Masochistin ist auch eine versteckte Sadistin und umgekehrt.

Daß Frauen in Freuds klinischem Material über Masochismus nicht vorkommen, bedeutet für ihn, daß Frauen an sich masochistisch und nicht dem klinischen Material zuzuordnen sind. In seinem Text »Über die Weiblichkeit« (1932) beschreibt er den Masochismus als »echt weiblich«, und weil man den Masochismus häufig bei Männern antreffe, bleibe nichts anderes übrig, als diesen Männern deutlich weibliche Züge zuzuschreiben. Das heißt: was bei Männern als sexuelle Pathologie diagnostiziert wird, die in der Folge auch geheilt werden kann, ist bei Frauen ein Wesenszug. Damit wird deutlich, daß die Aussage der gleichen Triebausstattung bei Jungen und Mädchen hier nicht mehr gültig ist. Der Masochismus bei Frauen ist so gesehen nicht mehr Triebschicksal, sondern Frauenschicksal. Und hier beginnen denn auch die Verwirrungen bezüglich der Triebe.

Helene Deutsch stellt die These auf, daß der Masochismus einer der beiden weiblichen Wesenszüge sei. Der andere spezifisch weibliche sei Passivität (Deutsch: 1948). Sie erklärt diese zwei so: Der Masochismus sei die Folge des anatomischen Geschlechtsunterschiedes. Die Frau habe keinen Penis, also kein aktiv-aggressives Organ, und sei deshalb zum Masochismus bestimmt. Und weil die Frau, um geliebt zu werden, ihre aggressiven Tendenzen unterdrücken müsse, resultiere daraus ihre passive Haltung, die masochistisch geprägt sei.

Daß Deutsch als »freudianischer als Freud« eingeschätzt wird, ist auf ihre biologistische Sichtweise der Triebtheorie zurückzuführen. Denn sie betrachtet die Triebtheorie als biologische Grundlage, aus welcher sich die weibliche Persönlichkeit ergibt (ebd.: 2). In diesem Sinne wird »Anatomie ist Schicksal« von ihr wörtlich genommen worden. D.h. der Aspekt der psychischen Triebrepräsentanz – was in der Folge sehr unterschiedliche Triebschicksale beinhalten kann, – welcher zur Subjektkonstitution führt, hat bei ihr einen untergeordneten Stellenwert. Damit läßt sich fast alles als gegeben, als nicht veränderbar, erklären. Jedes Verhalten wird mit dem weiblichen Masochismus erklärt, der biologisch determiniert ist. Hier wird Deutsch denn auch von früheren wie heutigen Feministinnen in Frage gestellt, welche Deutschs These als Wunsch der Frauen, erniedrigt zu werden, interpretieren. Deutsch will sich jedoch keinesfalls in dieser Weise verstanden wissen. Vielmehr betont sie, daß es für die Frau wichtig sei, sich ihres Masochismus bewußt zu sein, um sich vor psychischen und physischen Verletzungen schützen zu können, Verletzungen, die Frauen normalerweise im Leben begleiten. Wenn Frauen dies nicht täten, sagt sie, gäben sie sich einer masochistischen Weiblichkeit hin und verlören auf diese Weise ihre Selbstachtung. Entweder würden sie sich unterwerfen oder aber aufopfern und so im weiblichen Masochismus verharren.

Die Frage bleibt, wo in Deutschs Konzept der Sadismus bzw. die unterdrückten aggressiven (oder aktiven) Impulse (oder Triebe) ihren Raum finden. Janet Sayers vermutet, daß der nicht verarbeitete Haß in der Beziehung zu ihrer eigenen Mutter Grundlage ihrer gesamten Masochismustheorie ist und zu dieser eindimensionalen negativen Gleichsetzung von Mütterlichkeit/Weiblichkeit und Passivität/Masochismus führte (siehe Sayers, 1994, u.a.).

Im Gegensatz zu Helene Deutsch verwirft *Karen Horney* die biologische Bedingtheit des weiblichen Masochismus, ohne jedoch eine befriedigende Alternative formulieren zu können. Denn ihr Masochismuskonzept beinhaltet eine Vielzahl von Leiden, die menschliches Leben begleitet. Der Widerspruch in ihren Gedankengängen zeigt sich dort, wo sie kulturelle und gesellschaftliche Faktoren verantwortlich dafür macht, daß Frauen eher als Männer masochistische Neigungen aufweisen. Diese Aussage steht ganz im Gegensatz dazu, daß sie den weiblichen Masochismus als »Ideologie« ablehnt (Horney, 1992). Immerhin bleibt festzustellen, daß hier feministisch argumentiert wird, auch wenn im nachhinein die nichtgewollten männlichen Kategorien wieder in ihre Konzepte einfließen. Denn Horney gibt »die anatomisch-physiologisch-psychischen Merkmale der Frau« (ebd.: 162), welche diese eher als den Mann zum Masochismus prädestinieren, doch nicht auf.

In der neueren feministischen Literatur wird der weibliche Masochismus wieder neu aufgerollt. Einerseits wollen sich Frauen diese Etikettierungen nicht mehr gefallen lassen, andererseits wird im Masochismusbegriff die Eigentätigkeit der Frauen gesucht, d.h. der eigene Wunsch zur Unterwerfung und die gleichzeitige Lust daran. Das Schillernde am Masochismusbegriff zeigt sich in den Gegensätzlichkeiten, die in ihm enthalten sind: Opfer-Täter, Unterwerfung-freier Wille, Leid-Lust. Wo Masochismus ist, ist auch Sadismus.

Daß Freud den Masochismus als männliche sexuelle Perversion bezeichnete und gleichzeitig den Frauen Masochismus als Wesenszug unterstellte, machte die Grenzziehung zwischen gesund und krank unklar, wie Birgit Rommelspacher sagt (1989: 12). Sie sieht die Gründe der Zuschreibung des Masochismus auf die Frauen um die Jahrhundertwende genauso wie heute in einem patriarchalen Männerdenken. Denn:

> Schließlich bringt der Masochismus auch noch die Machtverhältnisse in einen sexuellen Kontext. Macht wird erotisiert. Unterwerfung wird zum sexuellen Bedürfnis. Und damit werden Machtbeziehungen im Geschlechterverhältnis ausgedrückt. Unterwerfung wird zum Charakteristikum des Weiblichen. Frauen sind ihrem Wesen nach unterwerfungsbereit [...]. Damit wird die ›Wesenhaftigkeit‹ des Frauseins zur hinreichenden Erklärung auch für all die eben genannten Widersprüche (ebd.: 12).

Daß mit dem weiblichen Masochismus speziell die sexuelle Lust an der Unterwerfung betont wird, steht in krassem Gegensatz zum Bild der mütterlichen Fürsorge, das auf diese Weise von sexuellen Konnotationen bereinigt wird.

> Die Frau wurde in der Mutterschaft entsexualisiert und wird nun durch den weiblichen Masochismus nachträglich resexualisiert. In diesem Sinn mag man tatsächlich von einer Perversion sprechen: Eine unnatürliche Entsexualisierung wird nachträglich wieder in ein sexuelles Verhältnis gesetzt, jetzt allerdings mit dem Charakter der Krankheit behaftet. Dieser Vorgang drückt nicht zuletzt die männliche Obsession einer unterschwellig ständig präsenten weiblichen Sexualität aus, einer ständig drohenden Wiederkehr des Verdrängten (ebd.: 33).

Weil beim sexuellen Masochismus der Masochist die Inszenierungen bestimmt, wird der Frau automatisch unterstellt und auch suggeriert, daß *sie* es ist, deren Wünsche erfüllt werden. Und aus einem interindividuellen, nämlich dem bestehenden, Machtverhältnis werden individuelle Probleme konstruiert und die männliche Urheberschaft dieses Arrangements verschleiert, meint Rommelspacher. Aber sie stellt sich auch die Frage, warum Frauen sich den herrschenden Verhältnissen anpassen. Die Gründe dafür sieht sie in den Genüssen, die sich aus dem Verbot eigener Triebbefriedigung und Selbstverwirklichung ergeben. Oder wie Simone de Beauvoir formuliert:

> Man geht auf diese Weise der Angst und der Spannung einer wirklich bejahten Existenz aus dem Wege (de Beauvoir, 1968: 15).

Die Gedankengänge über den Masochismus, im speziellen den sogenannt weiblichen Masochismus, wie er in feministischen und psychoanalytischen Publikationen rezipiert wird, zeigen den Ort der Frau und damit auch den Zusammenhang von Triebunterdrückung und Frauenunterdrückung, welche zum Triebschicksal des weiblichen Masochismus führen können.

Immer wieder sind Freuds Unsicherheiten in bezug auf die Weiblichkeit festzustellen. Nach ihm nimmt das Triebschicksal, bzw. die Entwicklung der Triebe, mit der Geburt seinen Lauf und ist abhängig vom Geschlecht, von der körperlichen Konstitution und von den gesellschaftlichen Bedingungen. So nimmt er in der Fußnote zu den drei Abhandlungen zum biologischen und soziologischen Aspekt folgendermaßen Stellung:

> Man gebraucht männlich und weiblich bald im Sinne von Aktivität und Passivität, bald im biologischen und dann auch im soziologischen Sinne [...]. Die dritte soziologische Bedeutung erhält ihren Inhalt durch die Beobachtung der wirklich existierenden männlichen und weiblichen Individuen. Diese ergibt für den Menschen, daß weder im psycho-

logischen noch im biologischen Sinne eine reine Männlichkeit oder Weiblichkeit gefunden wird. Jede Einzelperson weist vielmehr eine Vermengung ihres biologischen Geschlechtscharakters mit biologischen Zügen des anderen Geschlechts und eine Vereinigung von Aktivität und Passivität auf, sowohl insofern diese psychischen Charakterzüge von den biologischen abhängen als auch insoweit sie unabhängig von ihnen sind (Freud, 1905d: 121).

Das bedeutet, daß auch für Freud die Begriffe Männlichkeit und Weiblichkeit viel komplexer sind, als man ihm unterstellt. Der Verlust solcher Gedanken hatte zur Folge, daß Frauen weiterhin als Pendant zu oder als Abweichung von der Norm »Mann« begriffen wurden. Daran änderte sich nichts, obschon Freud sich im Laufe seines Lebens bekanntlich immer unsicherer in seinen Überlegungen zur Weiblichkeit zeigte und dies auch häufig formulierte, zum Beispiel in seiner berühmt gewordenen Frage: »Was will das Weib?«

30 Jahre später (Freud, 1933) hält Freud in bezug auf die Libido an seiner Aussage fest: »Es gibt nur eine Libido, die in den Dienst der männlichen wie der weiblichen Sexualfunktion gestellt wird. Wir können ihr selbst kein Geschlecht geben.« Und es wird »[...] weder im psychologischen noch im biologischen Sinne eine reine Männlichkeit oder Weiblichkeit gefunden« (ebd.: 141).

Freud selbst, und später auch seine Nachfolgerinnen und Nachfolger, verfolgten diese Triebanlagen in der weiblichen Entwicklung nicht weiter. Darin zeigt sich möglicherweise die unbewußte Anpassung vom »frühen« (um die Jahrhundertwende) – und wie Lilli Gast präzisiert: radikaleren – Freud an den »späteren« (in den 30er Jahren) Freud, die von den Feministinnen unbewußt mitvollzogen wurde. Die Verflüchtigung des Sexuellen (P. Parin, 1986) betrifft also nicht nur die Psychoanalyse an sich, sondern auch die feministischen Theorien zur Weiblichkeitsentwicklung. Freud hat sich lange nicht explizit mit der weiblichen Entwicklung befaßt, sondern das Mädchen im Sinne einer Komplementärentwicklung zum Jungen gesehen. So wurden die von ihm für beide Geschlechter postulierten eigenständigen Triebanlagen beim Mädchen wieder zum Verschwinden gebracht. Trotzdem begleiteten ihn seine Zweifel und Unsicherheiten bezüglich der Frau ein Leben lang und wurden in den Arbeiten gegen Ende seines Lebens konkreter formuliert (Freud, 1931, 1933, 1938), wie im zweiten Kapitel ausführlicher nachzulesen ist.

1.2. Trieb im Gegensatz zum Instinkt

Nachdem im vorangegangenen Kapitel der Triebbegriff im Freudschen Sinne dargestellt wurde, kann die Frage gestellt werden: Wie entsteht der Trieb, oder was ist der Ursprung des Triebes? Kurz und bündig sagt Laplanche dazu: Es ist »der *Instinkt als Ganzer*« (Laplanche, 1985: 37). Damit ist jedoch nicht gemeint, daß Trieb und Instinkt identische Begiffe wären, sondern, daß der Trieb sich aus dem Instinkt[1] ableitet.

In »Le fourvoiement...« (Laplanche, 1993)[2] wie auch im »Vokabular« (Laplanche/Pontalis, 1972: 231) wird die unterschiedliche Bedeutung von Trieb und Instinkt genau abgehandelt. Die Mißverständnisse dieser Begriffsverwirrung sind es denn auch, die seit jeher zu biologistischen Sichtweisen der Triebtheorie führten und in der Folge zu deren Ablehnung. Mit biologistisch meine ich die Tendenz, alles der unveränderbaren Natur oder Biologie zuzuschreiben.

Instinkt wird mit drei Charaktereigenschaften beschrieben: Erstens stellt Instinkt eine vitale biologische Zweckmäßigkeit zur Gefahrenvermeidung dar; zweitens besteht ein fixes Schema wie das Individuum reagiert, und drittens ist instinktives Verhalten angeboren und vererbbar.

Nach Viaud (zitiert nach Laplanche, 1993: 19 ff.) dienen die Instinkte einerseits der individuellen Selbsterhaltung, anderseits der Arterhaltung und schließlich der Erhaltung der sozialen Gruppe. Auch bei Freud beinhalten die Instinkte die Aufgabe der Selbsterhaltung und des Herdentriebes. Freuds Herdentrieb ist analog zu

---

[1] Udo Hock sagt dazu: »Wenn die französische Sprache zu einem gegebenen Zeitpunkt nicht über die Unterscheidung Trieb-Instinkt verfügt und gleichzeitig Freud genau auf dieser Differenz seine ganze Triebtheorie aufbaut, dann ist es geboten, einen dem ›génie‹ der französischen Sprache angemessenen Terminus zu schaffen: ›la pulsion‹. Andernfalls bringt man sich schlicht um die Möglichkeit, das Freudsche denken zu erfassen. Wie stark z.B. die Übersetzung von Trieb durch ›instinct‹ in der Standard Edition die Freudrezeption in den anglo-saxophonen Ländern beeinflußt hat, kann daran abgelesen werden, daß der Trieb dort in der Regel eher als biologische denn als psychische Größe aufgefaßt wird. ›Instinct‹ zu übersetzen, heißt gleichzeitig, ›instinct‹ zu denken.« Udo Hock, 1996: 155.

[2] J. Laplanche, 1993: »Le fourvoiement biologisant de la sexualité chez Freud«, was zu übersetzen ist mit »Das biologistische Irregehen der Sexualität bei Freud« (die Übersetzung seines Buchtitels stammt von Laplanche selbst)

Viauds Erhaltung der sozialen Gruppe zu verstehen. Die Arterhaltung hingegen wird bei Freud durch Sexualität ersetzt, wobei er mit dem Terminus Sexualität *nicht* die Arterhaltung meint. Und hier beginnt denn auch die Verwirrung, die um den Triebbegriff entstand und erst 1919 in »Jenseits des Lustprinzips« von Freud definitiv geklärt wurde. Das Triebhafte wird ab diesem Zeitpunkt dezidiert vom instinktiven Verhalten getrennt. Dies ist deshalb von Wichtigkeit, weil das Sexuelle – eben Triebhafte – *nicht* Sexualität bedeutet, sondern Lust. Und diese Lust dient *nicht* der Arterhaltung sondern der Lustbefriedigung.

Nun ist zwar der Instinkt biologisch determiniert, und wie oben formuliert, leitet sich der Trieb aus dem Instinkt ab. Trotzdem aber ist der Trieb nicht einfach eine biologische Kraft, auch wenn der Trieb und der Instinkt die gleichen Elemente von Drang, Objekt, Ziel und Quelle enthalten. Sondern es sind die »inneren Quellen« (Freud, 1905d: 106) oder Quellobjekte des Triebes, die eine konstante Reizüberflutung bewirken, denen das Individuum sich nicht entziehen kann, wie schon in Kapitel 1.1. bei den Triebdefinitionen erwähnt. Laplanche bezweifelt, ob Ich-Triebe, Selbsterhaltungstriebe usw. überhaupt als Triebe bezeichnet werden können und fragt, ob diese nicht eher Instinkte sind. Denn er bezeichnet allein den Sexualtrieb, bzw. das Sexuelle, als Trieb. Eine Hypothese, mit welcher sich gut arbeiten läßt.

Zeitweilig, jedoch längst nicht an allen Stellen, wehrt sich Laplanche vehement gegen die Idee eines »biologischen Triebes« (Laplanche, 1988: 134). Denn wenn der Trieb biologisch wäre, dann wäre die Phantasietätigkeit nur noch eine Art von Übersetzungstätigkeit von einer endogenen Entwicklung ins Psychische. Ende 19. Jahrhundert dachte auch Freud in dieser Weise biologisch, bevor er in den »Drei Abhandlungen« die »inneren Quellen« (Freud, 1905: 106) als Ursache der Sexualerregung verstand.

Der verwirrende Gedankengang, daß der Trieb nicht biologisch sei, sich aber vom Instinkt ableite, soll im folgenden nachvollzogen werden. Es geht ja auch darum, Argumente gegen eine biologistische[3], nicht-psychoanalytische, Sichtweise der Triebtheorie zu sammeln.

---

3 Unter »biologistisch« ist zu verstehen, daß die psychischen Vorgänge, welche die Psychoanalyse zu beschreiben versucht, nur der Biologie unterzuordnen sind.

Laplanche geht vom fundamentalen Freudschen Begriff der *Anlehnung* (étayage) aus, welchem er in vielen seiner Publikationen, im Gegensatz zu Freud, immer wieder einen zentralen Stellenwert beimißt. Für die Diskussion, was den Trieb vom Instinkt unterscheidet, ist das Anlehnungskonzept deshalb von größter Wichtigkeit.

Wenn von Freuds und Laplanches Hypothese ausgegangen wird, die ungefähr so lautet: *Der Sexualtrieb (oder: das Sexuelle) entsteht über die Anlehnung an den Selbsterhaltungstrieb*, dann gilt es, genau zu eruieren, was damit gemeint ist. Es ist »ein *Sich-Anlehnen* der *entstehenden* kindlichen Sexualität an den Instinkt« (Laplanche, 1985: 29). Mit anderen Worten kann man sagen: Das Sexuelle entsteht in Anlehnung an die Nahrungsaufnahme, an das Stillen, welches die Funktion der Ernährung hat. Die Funktion des Saugens an der Brust gilt der Nahrungsaufnahme und ist instinktives Verhalten. Der Selbsterhaltungstrieb oder Hungertrieb, als Instinktverhalten begriffen, beinhaltet alle Triebelemente wie *Drang* = erhöhte Spannung, *Quelle* = Verdauungssystem, *Objekt* = Milch (und *nicht* die Brust!) und *Ziel* = Saugvorgang.

Nun geschieht das Spannende: Während der Funktion der Nahrungsaufnahme beginnt sich ein sexueller Vorgang zu zeigen. D.h. parallel zur Nahrungsaufnahme werden Lippen und Zunge durch die Brust und den warmen Milchstrom erregt. In der Folge ist es nicht mehr klar, ob das Objekt noch die Milch oder schon die Brust ist. Der Übergang des Saugens (= Milch) zum Lutschen (= Brust) oder »Wonnesaugen«, wie Freud dies nennt (1905d: 83) ist fließend:

> Wir würden sagen, die Lippen des Kindes haben sich benommen wie eine *erogene Zone*, und die Reizung durch den warmen Milchstrom war wohl die Ursache der Lustempfindung (Freud, 1905d: 123).

Die *Brust* ist folglich das (Sexual-)Objekt des Sexualtriebes – und *nicht* die *Mutter*! Das ist ein fundamentaler Unterschied. Denn das Anlehnungskonzept beinhaltet nicht die Anlehnung des Kindes an die Mutter, sondern die Entstehung des Sexuellen in Anlehnung an eine lebenswichtige Körperfunktion. So gesehen ist Laplanches Aussage zu verstehen als ein »*Sich-Anlehnen* der *entstehenden* kindlichen Sexualität an den Instinkt«.

Trieb (= das Sexuelle) und Nahrungsaufnahme (= Milch) sind also zu Beginn miteinander verbunden, oder sogar nur Instinkt, und trennen sich während dem Stillen, indem das Objekt Milch zum Objekt Brust, und das Saugen zum Lutschen oder Wonnesaugen wird.

> Der Trieb im eigentlichen Sinne, im einzigen Sinne, der der Freudschen Entdeckung entspricht, ist die Sexualität. Doch die Sexualität ist, beim Kleinkind, gänzlich enthalten in *der Bewegung, die vom Instinkt abweicht, dessen Ziel verwandelt, dessen Objekt verschiebt und verinnerlicht, dessen Quelle zentriert auf eine vielleicht sehr kleine Zone, die erogene Zone* (Laplanche, 1985: 39).

Erogene Zonen betreffen zuerst die beim Durchfließen der Milch gereizte labiale Zone, dann Mund und After, schließlich auch den ganzen Körper. Diese Zonen der mütterlichen Pflege erfahren somit als erste die erotischen Handlungen seitens der Erwachsenen. Diese Zonen sind es denn auch, an denen die elterlichen, vor allem die mütterlichen Phantasmen eindringen. D.h., das Kind wird mit dem unbewußt Sexuellen der Mutter, welches von Laplanche als *sexuelles Rätsel* benannt wird, konfrontiert. Dies ist später Inhalt des 4. Kapitels sowie von Kapitel 7.1.

Lassen wir das Gesagte nochmals Revue passieren, dann kommt möglicherweise einige Verwirrung auf: Ist nun der Trieb biologisch oder nicht? Die Unklarheiten, die schon bei Freud vorzufinden sind, lassen sich auch bei Laplanche nicht gänzlich eliminieren.

Daß Freud dem Sexuellen als Triebkraft für das *menschliche* Verhalten eine wichtigere Bedeutung gab als allen anderen Trieben, weist darauf hin, daß er seinen eigenen Befunden mehr traute als den zeitgenössischen Auffassungen über die Sexualität, die Anfang des 20. Jahrhunderts vorherrschten:

> Das Individuum hält selbst die Sexualität für eine seiner Absichten, während eine andere Betrachtung zeigt, daß es nur ein Anhängsel an sein Keimplasma ist, dem es seine Kräfte für eine Lustprämie zur Verfügung stellt, der sterbliche Träger einer – vielleicht – unsterblichen Substanz – wie ein Majoratsherr nur der jeweilige Inhaber einer ihn überdauernden Institution ist (Freud, 1914g: 143).

Die Sexualität, an die Freud dachte, war keineswegs nur eine auf Fortpflanzung ausgerichtete oder an den Genitalien orientierte Sexualität. Seine Deutung der Sexualität ging viel weiter, weshalb der

Begriff der »Libido« geprägt wurde. Libido bedeutet in Freuds Texten »Sexualtrieb« in seiner allgemeinsten Form. Wie oben formuliert, entsteht die Libido in den erogenen Zonen des Körpers, die sich nicht zwingend in der Nähe der Genitalien befinden müssen. Die Libido ist, unabhängig von ihren körperlichen Manifestationen, vor allem eine psychische Kraft, welche die Seele gleichermaßen wie den Körper durchflutet.

Vielleicht läßt sich schlußfolgern, daß die Libido oder das Sexuelle als psychische Kraft, welche unser bewußtes Denken und Handeln prägt, *deshalb* uns Menschen eigen ist. Daneben wirken aber auch biologische Kräfte in unserem Leben, wie z.B. die hormonellen Umwälzungen in der Pubertät und später in den Wechseljahren, die einen nicht unerheblichen Einfluß wiederum auf unser libidinöses Verhalten ausüben.

Der Trieb, so kann man sagen, ist nicht nur biologisch determiniert, aber er ist auch nicht nur einfach eine psychische Kraft, sondern liegt vielleicht doch in jenem Grenzbereich zwischen Seelischem und Somatischem, wie Freud dies 1915 schon postulierte. D.h., der Instinkt liefert dem Trieb die Rahmenbedingungen unter denen sich dieser in der Folge entwickelt. Darin ist vielleicht die ganze Beschränktheit des Triebes, bzw. der Libido, enthalten, welche in der kränkenden Einsicht gipfelt, *nicht Herrin im eigenen Hause* zu sein.

1.3. Das Sexuelle, das Begehren

Der Libidobegriff ist also zentral. Wir müssen uns mit der Libido befassen, wenn wir die weiblichen Wünsche und Lüste, das Weiblich-Sexuelle sowie die damit verbundenen Ängste untersuchen und verstehen wollen. Im Zusammenhang mit meiner Arbeit ist die Modifizierung des Begriffs der Libido oder des Sexuellen durch Morgenthaler und dann vor allem durch Laplanche wichtig, deren erweitertes Triebverständnis es ermöglichen, das Sexuelle vor allem innerhalb, aber auch außerhalb der Analysesituation faßbar zu machen. Laplanches Gedankengänge werden ausführlicher im 4. und im 7. Kapitel dargelegt und diskutiert.

Freud entwickelte den Triebbegriff anhand von Beschreibungen der menschlichen Sexualität. Morgenthaler geht weiter (Morgenthaler, 1985). Für ihn ist die Sexualität die Organisation des Sexuellen, der Wünsche und Phantasien. Dazu sagt er:

> Das Sexuelle ist die Triebhaftigkeit, die sich in Triebregungen äußert. Triebregungen – ihrer Natur nach unbestimmbar – folgen dem ›Primärprozeß‹, der von der Psychoanalyse zurecht dem Es zugeordnet wird (ebd.: 137).

Er beschreibt die Sexualität als Folgeerscheinung des Triebhaften, indem er sagt:

> Sprechen wir vom Sexuellen, im Gegensatz zur organisierten Sexualität, so meinen wir die Triebhaftigkeit im Es, also ein energetisches Potential, das dem Erleben ganz allgemein etwas Dranghaftes verleiht (ebd.: 138).

Laplanche/Pontalis definieren in ihrem »Vokabular der Psychoanalyse« (1972) die Libido als:

> Von Freud postulierte Energie als Substrat der Umwandlungen des Sexualtriebes im Hinblick auf das Objekt (Verschiebung der Besetzungen), im Hinblick auf das Ziel (z.B. Sublimierung), im Hinblick auf die Quelle der sexuellen Erregung (Vielfalt der erogenen Zonen) (Laplanche/Pontalis, 1972: 284).

Eine befriedigende Definition der Libido gibt es nicht, sagen die beiden Autoren. Aber:

> Sofern der Sexualtrieb an die psychosomatische Grenze verlegt wird, bezeichnet die Libido deren psychischen Aspekt; sie ist die dynamische Äußerung des Sexualtriebes im Seelenleben (ebd. und Freud, 1922: 220).

Freud (1896) unterscheidet die Libido als Energie, die sich psychisch repräsentiert, von der körperlich-sexuellen Erregung, die somatisch ihren Ausdruck findet. Jedoch ist die libidinöse Energie die Quelle des Sexualtriebes. Ein Mangel oder eine Stauung an »psychischer Libido« (Freud, 1922: 220) kann Störungen hervorrufen, d.h., es findet eine Spaltung zwischen Körper und Psyche statt, und in der Folge tauchen Ängste auf, die sich als Symptome zeigen. Wir kennen die psychosomatischen Störungen, die vermehrt bei Frauen auftauchen und von eben dieser verdrängten Libido herrühren.

In »Gesichtspunkte der Entwicklung und Regression. Ätiologie« (Freud, 1917: 357) spricht Freud über die Plastizität der Libido, was beinhaltet, daß nicht stattfindende Triebbefriedigung durch Sublimierung ersetzt werden kann:

> Die sexuellen Triebregungen sind außerordentlich plastisch, wenn ich so sagen darf. Sie können die eine für die andere eintreten, eine kann die Intensität der andern auf sich nehmen; wenn die Befriedigung der einen durch die Realität versagt ist, kann die Befriedigung einer andern volle Entschädigung bieten. Sie verhalten sich zueinander wie ein Netz von kommunizierenden, mit Flüssigkeit gefüllten Kanälen (ebd.: 357/358).

Es geht also um die Fähigkeit, die Triebziele (siehe 1.1.) wechseln zu können, was auf der Fähigkeit, die libidinösen Besetzungen zu verändern, beruht. Sexuelle oder erotische Besetzungen können Personen betreffen, aber auch Tätigkeit, Arbeit, Forschung. Hier wird die Frage relevant, auf welche Art Frauen ihr Handeln und ihre Beziehungen libidinös zu besetzen imstande sind.

Sexuell, libidinös, erotisch ist alles, was Lust bereitet. Dem Streben oder eben dem Drang nach sexueller Lust kommt die wichtigste Wirkung im Psychischen zu, und er ist von daher auch als subjektkonstitutierend zu verstehen. Deshalb sind der Trieb und seine Schicksale das zentrale Thema in der Psychoanalyse. Werden ungelöste sexuelle Konflikte jedoch ignoriert und statt dessen die Störungen in sexuellen Erlebnissen (z.B. Anorgasmie oder Impotenz) verhandelt, dann wird sexuelles Verhalten als neurotisch diagnostiziert. Die treibende Kraft des Sexuellen in der Beziehung, und im Leben überhaupt, wird auf diese Weise übergangen und somit eliminiert.

2. Freud und das Rätsel »Weib«

> Die große Frage, die nie beantwortet worden ist und die ich trotz dreißig Jahre langem Forschen in der weiblichen Seele nicht habe beantworten können, ist die: »Was will das Weib«? (Jones, 1960, Bd.2: 492).

Ist nicht schon im Ausdruck »Weib«, statt Frau, etwas Vitales, Archaisches und damit etwas Triebhaftes enthalten, das, so könnte man Freud unterstellen, von ihm abgewehrt werden mußte? So gesehen könnte man ihm weiter unterstellen, daß sich in seinen Weiblichkeitstexten seine unbewußte Angst vor der Frau manifestiert. Würde aber »Freud mit Freud gedeutet«, wie dies Laplanche vorschlägt (Laplanche, 1988), und auf diese Weise Freuds Weiblichkeitskonzept als Abwehrkonzept begriffen, welche Inhalte kämen *dann* zum Vorschein? Vielleicht träte in der deutlich spürbaren dialektischen Ambivalenz, einer Ambivalenz zwischen Angst und Neugier, auch der Respekt und die Bewunderung Freuds für die Frauen zutage, die sich hinter seinen theoretischen Weiblichkeitsvorstellungen verbergen und die so gesehen in der Tat eine Angstabwehr vor dem Weiblichen oder sogar vor dem Weiblich-Sexuellen darstellen.

Ende der 20er Jahre nahm Freud als Folge der Weiblichkeitsdebatte, auf welche ich noch zu sprechen kommen werde (Kapitel 2.4.), zur Weiblichkeit Stellung, nachdem die Texte zur infantilen Sexualität entworfen waren, in welchen das Mädchen als Pendant zum Knaben beschrieben wurde. Als Grundlage zur Entdeckung der infantilen Sexualität mit den Konzepten des Penisneides, des Ödipuskomplexes und der Kastrationsangst diente die Triebtheorie. Das bedingte, daß Freud die Verführungstheorie aufgeben mußte, um an ihre Stelle die Triebtheorie zu setzen, was im folgenden erörtert wird.

2.1. Die »Hysterie« wird zur »Neurose«: Von der Verführungs- zur Triebtheorie

Freuds Verführungstheorie, die er aufgrund der Behandlungen seiner hysterischen Patientinnen entwickeln konnte, war und ist im feministischen Kontext immer wieder Thema, vor allem die *Verwerfung* der Verführungstheorie. Daß Freud die Verführungstheorie unter dem gesellschaftlichen Druck, unter dem er stand, d.h. der Ablehnung durch die offizielle Ärzteschaft, aufgeben mußte, um nicht in die Isolation zu geraten, ist nur die eine Seite der Medaille. Die andere, viel wichtigere ist die, daß er mit dem Aufgeben der Verführungstheorie die infantile Sexualität erkennen konnte, was ihn zur Entdeckung des Ödipuskomplexes führte.

Verführungstheorie meint die von Freud 1896 entwickelte Theorie, die in der sexuellen Ausbeutung des Kindes durch eine erwachsene Person die spezifische Ursache der Neurose sah. Das traumatische Erlebnis des Inzestes oder sexuellen Übergriffes wird verdrängt und in der Pubertät als unbewußter Erinnerungskomplex wiederbelebt, weshalb erst dann die Neurose ausbricht. Als Forscher war er mehr daran interessiert, wie sich die Verführung auf die verschiedenen Neuroseformen auswirkte, als daß er auf den verheerenden Tatbestand des sexuellen Mißbrauchs von Kindern hinweisen wollte. Aller feministischer und anderer Kritik zum Trotz[1] leugnete er die Realität des sexuellen Mißbrauchs nie, sondern hielt sein Leben lang daran fest. Im Grunde hat sich nur der Stellenwert der Verführung in der Ätiologie der Neurosen geändert, nicht aber die Tatsache des realen Traumas an sich. Freuds Frage war: Wie wirkt sich die Verführung auf Psychoneurosen aus?

Winfried Knörzer nennt drei Gründe, welche Freud dazu brachten, die Verführungstheorie aufzugeben:

> 1. Inhärente Mängel der Verführungstheorie; 2. die allmähliche Transformation und Erweiterung von Freuds psychoanalytischer Theorie, wodurch sich auch die Voraussetzungen seiner Neurosenlehre und deren Stellung im Gesamtsystem verändern; 3. die Selbstanalyse und die Ausarbeitung der Traumdeutung (Knörzer, 1988: 105).

Über die »Traumdeutung« (Freud, 1900), an welcher Freud im Zusammenhang mit seiner Selbstanalyse arbeitete, kam er zur Schlußfolgerung, daß nicht die Verführung an sich Grundlage der Neurosen war, sondern die damit verknüpften Phantasien, die Wunschphanta-

---

1 Z.B.: J. M. Masson (1984): *Was hat man dir, du armes Kind, getan?* oder auch: A. Miller (1981): *Du sollst nicht merken*, u.a.m.

sien. Hier liegt denn auch ein wesentlicher Kritikpunkt von Feministinnen, die irrtümlicherweise der Meinung waren (und vielleicht immer noch sind), daß Freud den realen Inzest ins Reich der Phantasie verbannte und die sexuell ausgebeuteten Frauen nicht ernst nahm in seiner Frauenfeindlichkeit. Dem war keineswegs so! Denn in seiner Selbstanalyse kam er auf inzestuöse Erlebnisse zu sprechen, die zwar nicht ihn selbst betrafen, jedoch in seiner eigenen Familie stattfanden:

> Leider ist mein Vater einer von den Perversen gewesen und hat die Hysterie meines Bruders (dessen Zustände sämtlich Identifizierungen sind) und einiger jüngerer Schwestern verschuldet. Die Häufigkeit dieses Verhältnisses macht mich oft bedenklich (Freud, 1985: 245).

1897 an Fliess geschrieben, blieb dieser Brief bis 1985 unter Verschluß.

Freud verleugnete also den realen Inzest bis Ende seines Lebens nie, auch wenn er nicht mehr dazu Stellung nahm, was in der Folge für das professionelle psychoanalytische Milieu der damaligen Zeit verheerende Auswirkungen hatte. Die sexuelle Ausbeutung, auch in der psychoanalytischen Situation, blieb über Jahrzehnte ein Tabu (Krutzenbichler, 1991; Grosz-Ganzoni, 1994). So ist der Untersuchung von Sebastian Krutzenbichler (Krutzenbichler, 1995: 107) eine lange Liste prominenter Analytiker jener Zeit zu entnehmen, welche das psychoanalytische Inzesttabu gebrochen, das heißt Freuds Gebot, »die Kur muß in der Abstinenz durchgeführt werde, nicht eingehalten haben. Darunter sind Namen wie diejenigen von Georg Groddeck, Otto Rank, Sándor Radiker jener Zeit zu entneh Fromm-Reichmann, Margaret Mahler u.a.m. zu finden, welche in ihren Analysen Liebesbeziehungen eingingen, wovon einige zu Ehen führten. Erst Anfang der 90er Jahre ist der sexuelle Mißbrauch in Therapien und Analysen zum Thema geworden, und dies zudem eher zögerlich. Die Mechanismen der sexuellen Ausbeutung für die Betroffenen im psychoanalytischen Setting sind dieselben wie jene in der Kindheit: das Geheimnis wahren, den Täter idealisieren, sich die Schuld zuweisen, sich wertlos fühlen, in Abhängigkeit verharren und die große Scham ertragen.

Zurück zu Freud: Anstelle des realen Traumas interessierten ihn vielmehr die Phantasien, sexuell mißbraucht worden zu sein, und damit im Zusammenhang die ubiquitäre infantile Sexualbetätigung. Denn wie Knörzer richtig schlußfolgert:

> Wenn es also eine infantile Sexualität gibt, ohne daß sie traumatisch induziert gewesen wäre und ohne daß sie eine kindliche Aktualneurose ausgelöst hätte, wie Freud durch seine Selbstanalyse an sich feststellen konnte, wenn Verführungsszenen auch bei Perversen und Normalen auftreten und darüber hinaus eine Verführung sich nicht in allen Fällen nachweisen läßt, [...], dann löst sich der determinierende Zusammenhang von Verführung und Neurosenätiologie auf (Knörzer, 1988: 109).

Anstelle der äußeren Realität (sexuelle Übergriffe) tritt nun die autoerotische oder infantile sexuelle Betätigung im Kindesalter. In dieser infantilen Sexualität wird der Grundstein für die neurotische Entwicklung gelegt, ob sie nun durch äußere Manipulation oder innere Triebwünsche ausgelöst wurde. Die Verführungstheorie ist von Freud nicht mit dem Brief an Fließ (21.9.1897) ein für alle Mal verabschiedet worden, wie ihm häufig unterstellt wird[2], sondern ging in die neuen psychoanalytischen Erkenntnisse wie Ödipuskomplex und Triebtheorie über. So wird die Neurose, den veränderten Umständen entsprechend, nicht mehr als pathogene Entwicklung verstanden, sondern als mißlungene Abwehr. Für die Technik der Analyse hat das zur Folge, daß es nicht mehr von Interesse sein kann, das Verdrängte wiederzuentdecken, denn die Gegenüberstellung mit realen traumatischen Geschehnissen macht die betreffende Person nicht gesund. Es geht vielmehr um die *Aufhebung der Verdrängung*, um in Kontakt mit dem Triebhaften, dem Sexuellen, zu kommen.

Von daher ist die Handhabung der Übertragung das wesentliche Element in der psychoanalytischen Praxis. Die Übertragung beinhaltet Vergangenes und wiederholt es. Im Text »Erinnern, Wiederholen, Durcharbeiten« (Freud, 1914g) wird die Technik beschrieben, die ohne Kenntnis von Übertragung und Gegenübertragung zu Verstrickungen und zum Agieren in Analysen führen kann. Oder anders ausgedrückt: Solche Analysen geraten in Gefahr, in gemeinsamer – von Analytikerin und Analysandin – Triebabwehr blockiert zu werden.

---

2 »Ich glaube an meine Neurotica nicht mehr. Das ist wohl nicht ohne Erklärung verständlich.« (Brief vom 21. 9. 1897, in Freud/Fließ-Briefwechsel, 1895: 283)

Die Rekonstruktion des Traumas ist sekundär und unwirklich, davon wird ein Person, wie oben erwähnt, noch nicht gesund. Psychoanalytisch betrachtet kann man sagen: Konkret und real ist die neurotische Struktur, wie sie sich in der Übertragungsbeziehung in der Analyse zeigt. Die äußere Realität ist also nicht mehr der sexuelle Mißbrauch, sondern es sind die masturbatorischen oder autoerotischen Tätigkeiten, bzw. die unbewußten sexuellen Triebwünsche des Kindes, die sich in masturbatorischer Tätigkeit zeigen; diese wiederum werden über Phantasien zugedeckt und abgewehrt. Daraus entstand einerseits das Konzept des Ödipuskomplexes, des sexuellen Begehrens nach den Eltern, und andererseits die Triebtheorie. Das Triebhafte und das sexuelle Begehren nach den Eltern kommen in der Übertragung wieder zum Vorschein.

Eine normale ödipale Entwicklung geht dann zu Ende, wenn das Kind erfährt und akzeptiert, daß die Eltern seine inzestuösen Wünsche zwar anerkennen, aber nicht erfüllen, daß das Kind von der sexuellen Liebe der Eltern ausgeschlossen bleiben muß. Wenn sich die Eltern aber nicht lieben, kann es zu Fehlentwicklungen kommen, die inzestuöse Barriere fehlt, das Kind wird unter Umständen zum libidinösen Ersatzobjekt gewählt u.a.m. Dies zeigt sich später in der Übertragungsbeziehung die im 7. Kapitel ausführlicher Thema ist.

Kurz zusammengefaßt kann man sagen: Aus der Verführungstheorie wurde die Triebtheorie entwickelt. Anstelle des Traumas, das aus Ursache und Symptom besteht, trat nun der Konflikt, der aus Erlebnis und Symptom gebildet wird. In diesem Sinne besteht das Erlebnis aus verdrängten sexuellen Wünschen und Phantasien, d.h., es ist ein Sexualkonflikt und somit ein Triebkonflikt. Auf diese Weise wird verständlich, daß menschliches soziales Verhalten schwer erklärbar ist, wenn die Rolle der Triebe nicht erörtert wird.

2.2. Die infantile Sexualität

1905 wird von Freud in den »Drei Abhandlungen zur Sexualtheorie« die Annahme des phallischen Monismus postuliert. Das bedeutet: Der Penis ist das anerkannte Sexualorgan, die Klitoris entspricht dem Penis, ist also kein eigenständiges Organ. Von daher hat der Kastrationskomplex für beide Geschlechter Gültigkeit, jedoch mit unterschiedlicher Interpretation: Der Knabe hat Angst, den Penis zu verlieren; das Mädchen hat ihn schon verloren und entwickelt in der Folge den Penisneid. Die Vagina hat in Freuds Texten bis zur Pubertät keine Bedeutung. Denn hätte sie eine Bedeutung, wie Karen Horney und Josine Müller später nachweisen, dann wäre das Mädchen bis zur ödipalen Phase nicht »ein kleiner Mann«, sondern eine Frau! Auf diesen Punkt werde ich später noch eingehen, im Zusammenhang mit der Weiblichkeitsdebatte in den 30er Jahren.

1923 stellt Freud in »Die infantile Genitalorganisation« seine psychoanalytischen Beobachtungen in Zusammenhang mit seinen Ideen von 1905 und kommt zum Schluß, daß zwischen infantiler und erwachsener Sexualorganisation kein wesentlicher Unterschied besteht, außer, daß die erwachsene Sexualität genital und die infantile phallisch sei. Und phallisch ist sie, weil nur das männliche Geschlechtsorgan existiert und demzufolge nur die männliche Entwicklung nachvollzogen werden kann, denn »[...] in die entsprechenden Vorgänge beim kleinen Mädchen fehlt uns die Einsicht« (Freud, 1923: 295). Trotz dieser mangelnden Einsicht macht er Konstruktionen, die das Mädchen als Pendant zum Knaben begreifen – weshalb die Vagina bis zur Pubertät weiterhin kein Thema ist!

Im »Untergang des Ödipuskomplexes« (Freud, 1924d) wird weiterhin die Existenz der Vagina ignoriert, denn die Vagina der Mutter wird vom Knaben nicht sexuell besetzt. Er verspürt keine Lust, in sie einzudringen, da er sexuell nicht erwachsen ist, der Mutter gegenüber zu klein und zu wenig potent. Die Kastrationsangst ist für den Knaben das Ende der ödipalen Phase, während für das Mädchen der Kastrationskomplex seinen ödipalen Wunsch einleitet: nämlich anstelle des Penis ein Kind vom Vater zu bekommen.

Ein Jahr später ist für Freud (Freud, 1925j) in bezug auf den Ödipuskomplex noch nicht alles geklärt. Die Beobachtung des elterlichen Geschlechtsverkehrs durch das Kind und die »Urphantasien« bringen ihn zur Frage, weshalb das Mädchen die Beziehung zur Mutter aufgibt und den Vater als Objekt wählt. Ist es wirklich das größere Sexualorgan, das es haben möchte? Freud meint: Ja, »[...] sie hat es gesehen, weiß, daß sie es nicht hat und will es haben« (ebd.).

Hätte die Vagina von Anfang an ihren eigenen Stellenwert, analog dem Penis, und nicht erst ab Beginn der Pubertät, dann käme eine neue Dimension in Freuds Konzeption ins Spiel. Bekanntlich hielt Josine Müller ihren Vortrag über die Libidoentwicklung des Mädchens in der genitalen Phase im gleichen Jahr wie Freud seine Arbeit über »Einige psychische Folgen des anatomischen Geschlechtsunterschieds« publizierte.[3] Über ihre Beobachtungen der masturbatorischen Tätigkeit beim kleinen Mädchen bzw. der vaginalen Sensationen im frühkindlichen Mädchenalter, die sie in Spitälern und in ihrer Praxis machen konnte, kam Josine Müller zur Erkenntnis, daß die Vagina als erstes Genitalorgan sexuell, d.h. libidinös, besetzt wird und die Klitorisbesetzung ein sekundärer Vorgang ist. Die Unterdrückung der vaginalen Triebregungen verursacht eine narzißtische Kränkung, die den Penisneid begründet. Ihre Schlußfolgerung ist: Bei Frauen, die ihre Vagina sexuell besetzen können, spielt der Penisneid eine untergeordnete Rolle. Außer von Karen Horney wurden ihre Beobachtungen jedoch nicht zur Kenntnis genommen. Die zumindest unbewußte Kenntnis der Vagina war erst später wieder Thema in der sogenannten Weiblichkeitsdebatte, auf die ich in Kapitel 2.4. zu sprechen kommen werde. Vorher möchte ich kurz Freuds Verhältnis zu Frauen beschreiben.

2.3. Die Frauenbewegung und Freud

Für die These des Respekts von Freud gegenüber Frauen[4] gibt es, neben seinen vielen Briefwechseln mit ihnen, noch andere Hinweise. Gabriele Raether (Raether, 1987) beschreibt in ihrer aufschlußreichen Untersuchung über die »Frauenbewegung und die Psychoanalyse um die Jahrhundertwende« die damalige mysogyne Atmosphäre, welche eine Flut von antifeministischer Literatur, fast ausschließlich von Männern geschrieben, produzierte. Gleichzeitig formierte sich in der

---

3 J. Müllers Vortrag wurde erst 6 Jahre später (1931) publiziert.
4 Dies bezeugen am deutlichsten seine Analysandinnen.

bürgerlichen Frauenbewegung[5] Ende des letzten Jahrhunderts ein radikaler Flügel mit Frauenrechtlerinnen wie Helene Stöcker, Alice Rühle-Gerster, Grete Meisel-Hess u.a. Freud sympathisierte in vielen Anliegen mit diesem radikalen Flügel. Raether kritisiert die feministische Mode, Freud in einem Atemzug mit Figuren wie Schopenhauer (»Über die Weiber«, 1851), Möbius (»Über den physiologischen Schwachsinn des Weibes«, 1900) und Weininger (»Geschlecht und Charakter«, 1903) zu nennen und dies mit der Penisneidtheorie sowie dem Problem des klitoralen (»unreifen«) versus vaginalen (»reifen«) Orgasmus zu rechtfertigen, obwohl seine Ratlosigkeit in bezug auf die Weiblichkeit sich oft genug deutlich zeigt.

Eigenartigerweise, so Raether, wird Freud immer wieder mit Otto Weininger, Antifeminist und Antisemit, in Verbindung gebracht (ebd.: 185), so als ob der Ältere den Jüngeren protegiert hätte. Tatsache war jedoch, daß Freud die Begutachtung des ersten Teils der Dissertation von Weiningers Arbeit ablehnte, und zwar deshalb, weil ihm dessen Art im Umgang mit dem Hysteriethema in keiner Weise behagte. Raether zitiert dazu Weininger selbst:

> Weininger selber notierte: »Freud hat mir erklärt, in dieser Form könne er mein Buch nicht empfehlen: hatte ich auch gar nicht gewünscht. Ich solle mir Zeit nehmen, zehn Jahre, und alles in lauter Spezialuntersuchungen genau beweisen, alles, z.B. auch daß M am frühesten eine Glatze bekommt. Ich habe ihm gesagt, ich will nicht selber eine Glatze haben, wann E(ros) und P(syche) endlich erscheinen wird.« Freuds eindeutige Haltung gegenüber Weininger bewahrte ihn nicht davor, künftig als geistiger Komplize des Autors von *Geschlecht und Charakter* bezeichnet zu werden (ebd.: 188).

Meisel-Hess, eine der erwähnten Frauenrechtlerinnen, reagierte auf Weiningers Werk mit ihrer Schrift: »Weiberhaß und Weiberverachtung. Eine Erwiderung auf die in Dr. Otto Weiningers Buch ›Geschlecht und Charakter‹ geäußerten Anschauungen über ›Die Frau und ihre Frage‹« (Meisel-Hess, 1904 in Raether, ebd.). Nach Raether stellte diese Arbeit einen Indikator dafür dar, daß die radikalen Feministinnen sich eine männliche Beurteilung über Frauen nicht mehr gefallen ließen.

---

5 Die Frauenbewegung entstand um die Jahrhundertwende in verschiedenen europäischen Ländern. Die Kommunikation funktionierte über die Ländergrenzen hinweg, wie u.a. die Verbindung zwischen Helene Stöcker (Deutschland) und Freud (Österreich) zeigt.

1909 publizierte Meisel-Hess »Die sexuelle Krise« und formulierte pointiert ihre Kritik an der sexuellen Unterdrückung der Frau (Raether, 1987: 190), wozu sie Freuds Hysteriestudien als Grundlage sowie die frühen Arbeiten der Neurosenlehre benutzte. Auch Stöcker stützte sich in ihren Arbeiten auf psychoanalytische Annahmen mit Bezug auf

> [...] Professor Freud, dessen Forschungen wir gerade in bezug auf die Zerstörung des Aberglaubens auf sexuellem Gebiet so vieles verdanken (ebd.: 193).[6]

Helene Stöcker war eine weitere Persönlichkeit aus der radikalen bürgerlichen Frauenbewegung und gründete in Deutschland 1905 den Deutschen Bund für Mutterschutz und Sexualreform.

> Die Frauenbewegung hat alle Probleme von Liebe, Ehe und Mutterschaft während Jahrzehnten vernachlässigt. Aber heute erkennt man, daß die Emanzipation aus wirtschaftlicher Unterdrückung auch Emanzipation aus sexueller Unterdrückung verlangt (Stöcker in: Anderson/Zinsser, 1995: 486).

Der Mutterschutz wehrte sich gegen die bigotte Sexualmoral, welche den Männern freie Wahl der Sexualpartnerinnen zugestand, auf der anderen Seite ledige Mütter und Prostituierte verurteilte. Natürlich erhielt der Mutterschutz keine Unterstützung von den größeren Parteien. Die Folge war der Zusammenschluß einer kleinen aktiven internationalen Gruppe von radikalen Feministinnen, welche sich bemühten, gegen die rückwärtsgerichteten Tendenzen ihrer Kultur zu kämpfen. Sie ahnten die fundamentale Rolle der Psychoanalyse, welche Tabuthemen – wie Masturbation, Homosexualität, Fetischismus, Masochismus, Sadismus und nicht zuletzt die Unfähigkeit zur sexuellen Befriedigung – zum Gegenstand öffentlicher Diskussionen machte. Die Erforschung des Unbewußten, das Bewußtwerden der Bedeutung der Vergangenheit und speziell der infantilen Sexualität für die Entwicklung der individuellen Persönlichkeit, veränderten das Menschenbild. Allerdings wurde die Frau in diesen neuen Erkenntnissen nicht berücksichtigt, sondern sie wurde unter der männlichen Dominanz belassen, d.h. der Mann wurde als Norm begriffen und die Frau als die schlechtere Abweichung davon. Karen Horney erklärt das so:

---

6 H. Stöcker (1911): *Ehe? Zur Reform der sexuellen Moral*. In: Raether, 1987

> Die Psychoanalyse ist die Schöpfung eines männlichen Genies, und auch fast alle, die seine Ideen weiterbildeten, waren Männer. Es ist nur recht und billig, daß ihnen eine männliche Psychologie näher lag und daß sie von der Entwicklung des Mannes mehr verstanden als von der der Frau (Horney, 1992: 26).

Zudem war, zugegebenermaßen, Freud selbst nicht derjenige, der alte patriarchale Traditionen der europäischen Kultur kritisch analysierte; vielmehr flossen diese in seine Thesen ein. Aber er versuchte auch immer, Wege offen zu lassen, z.B. indem er die grobe Analogie aktiv = männlich vs. passiv = weiblich vermeiden wollte. Seine Annahmen waren niemals dogmatisch, auch wenn etliche Nachfolgerinnen und Nachfolger diese so verstanden und »freudianischer als Freud« dachten.

Raether schliesst ihren Aufsatz mit folgenden nachdenklichen Sätzen:

> Der Kahlschlag, den der Nationalsozialismus hinterlassen hat, betrifft auch unser gegenwärtiges Wissen über frühe Verbindungen und Gemeinsamkeiten von Frauenbewegung und Psychoanalyse. Im Maße, wie radikale Vorkämpferinnen der Frauenbewegung wie Grete Meisel-Hess und Helene Stöcker heute weitgehend vergessen sind, obwohl es sich immer noch lohnte, ihre Schriften zu studieren, in dem Maße ist auch verlorengegangen, daß Freud mehr und anderes war als nur Legende, die sich heute um seinen Namen rankt (Raether, 1987: 194).

2.4. Die Weiblichkeitsdebatte in den 30er Jahren

Die Weiblichkeitsdebatte bewegt sich im Zeitraum zwischen 1918 und 1938, also zwischen dem Ende des ersten Weltkrieges und den Naziverfolgungen sowie der damit beginnenden Emigration. Wie in den vorherigen Abschnitten aufgezeigt, war die Weiblichkeit implizit Gegenstand der Psychoanalyse zwischen 1890 und 1918, und zwar nahm Freud die Hysteriestudien und später die Traumdeutung zum Ausgangspunkt der psychoanalytischen Theorie. Wenn in Betracht gezogen wird, daß die Hysterie als typische Frauenneurose galt, kann die Psychoanalyse, eigentlich von allem Anfang an, nicht ohne die Auseinandersetzung mit der Weiblichkeit auskommen.

Daß die Weiblichkeitsdebatte nicht früher stattfand, hat geschichtliche Gründe. Zilboorg (1986) beschreibt dies so:

> Der erste Weltkrieg hat plötzlich unsere traditionellen Wertvorstellungen über das Weibliche erschüttert. Da, wo früher nur Männer zu sehen waren, tauchten Frauen auf; sie übernahmen häufig die Jobs von Straßenbahnfahrern, Taxichauffeuren und Liftboys. Sie fingen an, Zigaretten zu rauchen, was vorher ein fast ausschließliches Vorrecht der Männer gewesen war. Heute sind rauchende und Cocktails trinkende Frauen ein alltägliches gesellschaftliches Phänomen, und die abstinente Frau ist die Ausnahme geworden. Während der letzten Kriegsjahre und im Jahrzehnt danach veränderte sich auch allgemein das Aussehen der Frauen beträchtlich. Der Bubikopf oder überhaupt kurzes Haar waren allgemein verbreitet; der Typ der rauhbeinigen, eckigen, flachbrüstigen Frau war so häufig, daß sie nicht mehr auffiel. Der knielange Rock, das männliche Tailleur oder Straßenkostüm und der Verzicht auf das vor dem Krieg übliche Korsett setzten die Frau der Nachkriegsjahre den männlichen Blicken aus, denen sie mit provozierender Unabhängigkeit, selbstbewußter Initiative und geradezu selbstgefälligen Herausforderungen zu begegnen wußte (ebd.: 183).

Im allgemeinen wird im psychoanalytischen Kontext die Geschichte nicht mitreflektiert. Doch muß die Weiblichkeitsdebatte vor diesem historischen Hintergrund, d.h. der Zwischenkriegszeit mit dem damit zusammenhängenden Wertewandel, betrachtet werden.

Die erste heftige Auseinandersetzung zwischen Freud und dem Feminismus fand während der Weiblichkeitsdebatte in den 20er und 30er Jahren statt, in welcher Karen Horney antifeministische Tendenzen in der Psychoanalyse aufzeigte. Zwar war eine Auseinandersetzung mit dem viktorianischen Frauenbild der Wiener Jahrhundertwende, welches auch das psychoanalytische Denkgebäude prägte, durchaus angebracht. Soziologisierend versuchte Horney jedoch die Psychoanalyse neu zu fassen, wie Lilli Gast (1992) darlegt, indem sie die kulturellen und sozialen Einflüsse als diejenigen postuliert, welche den Charakter formen. Für Horney ist die Libidotheorie zu einengend, da vermeidbare milieubedingte Traumata nur noch als unvermeidbare libidinöse Konflikte gesehen werden können (ebd.: 176, und K. Horney, 1992). Nach Horney formt die objektive, sichtbare Realität die Persönlichkeit – und nicht mehr die Triebkonflikte im Unbewußten.

Eine der Fragen, die diskutiert wurden, war der »Männlichkeitskomplex« der Frauen. Die Rede vom neurotischen Mannweib nach dem Verschwinden der harmonischen Mutter sieht Helene Deutsch als Folge einer sozialen Entwicklung und nennt ihn »Vermännlichungsprozeß« in der Gesellschaft (Deutsch, 1930: 184). Ihre Vorstellungen entsprechen dem Bild einer weiblichen und mütterlichen Frau, obwohl (aus dem damaligen Blickwinkel betrachtet und gedeutet) vermutlich ihre eigenen männlichen aktiven Anteile die psychosexuelle Triebkraft ihrer Arbeitsidentität waren. Denn diese Triebkraft macht sie zur Ärztin, zur Psychoanalytikerin und zu einer herausragenden Persönlichkeit in der psychoanalytischen Bewegung, wie Janet Sayers (1994) vermutet. Freud selbst nimmt in seiner Arbeit »Über die Weiblichkeit« die Bisexualitätstheorie zu Hilfe, um die historische Spaltung der Frau in eine »weibliche« und eine »männliche« begreifen zu können.

Eine weitere Frage in dieser Debatte war: »Ist das Mädchen eine kleine Frau oder ein kleiner Mann?« Für Freud sind die Emanzipationsforderungen der Frauen Reaktionsbildungen auf ihre starken Gefühle, von der Natur benachteiligt zu sein. Für Horney hingegen galt: »Das kleine Mädchen ist ein kleines Mädchen!« (Horney, 1992). Sie begann Freud und seine Anhänger (Abraham, v. Ophuijsen u.a.m.) anzugreifen und warf ihnen vor, sich in ihrem männlichen Narzißmus nicht die Frage zu stellen, *warum* sich Frauen genital benachteiligt fühlten. In ihren Arbeiten zwischen 1923 und 1936 legte sie dar, wie das fehlerhafte Männerdenken ihrer Meinung nach entstanden sein könnte. Sie suchte nach etwas spezifisch Weiblichem und kam in der Folge auf eine authentische weibliche Sexualität, die primär ist und die sie im Begehren des Mädchens nach dem eindringenden Penis des Vaters zu sehen glaubte. Dieses Begehren entsteht nach Horney in der Identifikation mit der Mutter, und damit mit dem Eindringen des Vaters in die Mutter. Von daher leitet sie einen primären Penisneid ab, weil des Mädchens Genitale nicht sichtbar ist. Allerdings sei dieser »primäre Penisneid« nicht von Bedeutung. In Anbetracht des viel zu großen Penis des Vaters wird das ursprünglich weibliche Begehren verdrängt. Denn: Was man nicht haben kann, muß man auch nicht haben wollen!

Unterstützung erhielt Horney in dieser Frage von Ernest Jones. Gemeinsam mit ihr hält Jones an der ursprünglichen und authentischen Feminität des kleinen Mädchens fest. Und auch die Kleinianer sind der Auffassung, daß die Attraktion des kleinen Mädchens vom

Penis des Vaters primär sei. Der Wunsch nach der Brust, die nie befriedigt, wird abgelöst vom Begehren nach dem Penis, somit ist seine phallische Aktivität sekundär und neurotisch bestimmt, weil sie gegen die oral, anal und ödipal böse erlebte Mutter gerichtet ist, sagen die Kleinianer. Beim Knaben hingegen ist die phallische Aktivität der Mutter gegenüber libidinös. Hier wäre denn auch die Lücke zu orten, welche die sexuelle Interaktion zwischen Mutter und Tochter zum Inhalt hätte.

Jones hält fest, daß das Mädchen nicht wirklich unter einem Penisneid leidet, sondern vielmehr unter dem Neid auf die Mutter, die den Vater als Sexualpartner in sich aufnehmen kann. Die Verbitterung wird so auf den Vater verschoben:

> Sie fühlt viel mehr Neid und Eifersucht der Mutter als dem Vater gegenüber, und vieles von dem Gefühl, das wir klinisch als gegen den Vater gerichtet bemerken, ist tatsächlich von der Mutter auf ihn verschoben (Jones, 1935: 338).

Und zum Schluß zweifelt er: »Die letzte Frage ist also, ob man zur Frau geboren oder gemacht wird« (ebd.: 341), eine Frage, die Simone de Beauvoir 1949 beantwortet mit: »Man wird nicht zur Frau geboren, man wird es.«[7]

Dies sind, kurz dargestellt, die Aussagen der Kontrahenten (Melanie Klein, Ernest Jones und Karen Horney) in dieser Debatte. Zusammenfassend kann man sagen: Freuds polymorph-perverse Libido ist auf dieser gegnerischen Seite verschwunden. Dies gilt ebenso für die genital-libidinöse Verliebtheit des kleinen Mädchens in die Mutter, die von Lampl-de Groot formuliert wurde und eine der wichtigsten Entdeckungen in der Psychoanalyse für eine Weiblichkeitsentwicklung ist: Lampl-de Groot gehörte zu jenen, die Freud stützten.

Neben Jeanne Lampl-de Groot gehörten auch Helene Deutsch und Ruth Mack Brunswick zu den Anhängerinnen von Freud. In der Frage, ob Besitz oder Nichtbesitz des Penis eine zentrale Rolle in der weiblichen Subjektkonstitution spielt, wird bis 1927 die Objektbeziehung zum Vater reflektiert, nicht jedoch die Mutterbindung, die

---

7 S. de Beauvoir, 1949: Le deuxième sèxe. Sie kann als Vorläuferin des heutigen Differenzdiskurses bezeichnet werden.

der Vaterbeziehung vorausgeht. Hier bildete Lampl-de Groot eine Schnittstelle in der Diskussion (Lampl-de Groot, 1996). Sie sagt: »Bevor das kleine Mädchen zur Frau wird, wirbt es um die Mutter wie ein Mann!« Für Deutsch, Mack Brunswick und Lampl-de Groot gehören Penisneid, Kastrationskomplex und Objektwechsel entscheidend zur psychosexuellen Entwicklung der Frauen. Aber Lampl-de Groot war die erste, welche über die intensive, leidenschaftliche Mutterbindung nachdachte und von daher den Objektwechsel zu erklären imstande war. Sie vermochte alles zu einem begrifflichen Ganzen zusammenzusetzen.

Nach Lampl-de Groot durchläuft das Mädchen einen aktiven oder negativen auf die Mutter ausgerichteten Ödipuskomplex, bevor es dem Kastrationskomplex unterworfen ist und in den positiven auf den Vater ausgerichteten Ödipuskomplex eintritt. Nach ihr entsteht der Kastrationskomplex nicht durch den Anblick des Penis, wie Freud behauptet, sondern durch den Objektverlust, der im Aufgeben der Verliebtheit in die Mutter, also der aktiv-ödipalen Verhältnisse, liegt. Die vormals auf die Mutter gerichtete Leidenschaftlichkeit wird nun auf den Vater übertragen.

1931 schrieb Freud in seiner Arbeit »Über die weibliche Sexualität«, daß er bis dahin die weibliche primäre Mutterbindung nicht verstand. Er machte den berühmten Vergleich mit der »Aufdeckung der minoisch-mykenischen Kultur hinter der griechischen«. Dabei blieb es aber. Die weibliche Inferiorität blieb in seinen Konzepten grundsätzlich bestehen.

Wohl unbewußt hat Lampl-de Groot die Basis für eine neue Weiblichkeitskonzeption gelegt. Zwar blieb sie zu großen Teilen dem freudianischen Gedankengebäude treu, aber sie konnte durch ihre Umformulierung doch etwas genuin Weibliches in der frühen Mutter-Tochter-Beziehung ausmachen, nämlich, daß die intensive sexuelle Interaktion mit der Mutter etwas spezifisch-weibliches ist. Anhand von Beobachtungen in ihren Analysen mit Frauen war es ihr möglich, die Übertragungsmuster als homosexuell-libidinöse zu erkennen. Sie vermutet, daß die Analyse bei einem männlichen Analytiker nicht über den positiven, d.h. gegengeschlechtlichen, Ödipuskomplex hinausgehen kann. Folglich sind in der gegengeschlechtlichen Analysesituation homosexuelle Tendenzen, die in keiner Analyse fehlen, interpretierbar als Reaktionen auf den enttäuschenden Vater. Für ihre eigenen zwei Fälle hingegen sieht Lampl-de Groot dies anders: Hier wären die homosexuellen Tendenzen eine Regression auf eine frühere Stufe, d.h. auf die leidenschaftliche Mutter-Tochter-Beziehung oder auf den »negativen Ödipuskomplex«, dem nachher der positive folgt.

Eine Überprüfung der Frage jedoch, warum die Entdeckung der Gleichgeschlechtlichkeit mit der Mutter das Mädchen von der eigenen Inferiorität überzeugen solle, obwohl es doch die Mutter so innig, so lange und so leidenschaftlich liebe, fand nicht statt. Erst in jüngerer Zeit werden die Ideen von Lampl-de Groot wieder aufgenommen und, auf ihr aufbauend, neue Konzepte entworfen.[8]

Die Frage stellt sich nun am Schluss dieser kurzen Darstellung der Diskussion um die Weiblichkeit: Wo sind in den späteren Theorieentwicklungen zur Weiblichkeit die Triebaspekte geblieben, wo das Leidenschaftliche, das Sexuelle zwischen Mutter und Tochter?

Durch den Versuch der Nationalsozialisten, die Psychoanalyse zu eliminieren, sowie durch den Zweiten Weltkrieg und die Emigration ging manches verloren. Die Emigration in die USA machte die Psychoanalyse, wie bekannt ist, zu einem Anpassungsinstrument, d.h. daß das Machbare wichtig geworden ist, was sich auch in der feministisch-psychoanalytischen Literatur niederzuschlagen scheint.

2.5. Freuds Texte zur Weiblichkeit

1931 stellt sich Freud in »Über die weibliche Sexualität« folgende zwei Fragen: Wann und warum macht sich das Mädchen von der Mutterbindung los? Und wie tauscht es die Besetzung der Klitoris gegen diejenige der Vagina aus?

Die lange Dauer und Intensität der präödipalen Mutterbindung des Mädchens hatte Freud in früheren Arbeiten noch nicht sehen können, weil er die Mutterbindung unterschätzt hatte. Von Analytikerinnen wie Jeanne Lampl-de Groot und Helene Deutsch wurde er

---
[8] Erwähnt sei hier das Konzept des »lesbischen Komplexes« von Eva Poluda-Korte

auf diese Tatbestände aufmerksam gemacht, welche sie in ihren Analysen mit Frauen, das heißt in Frau-Frau-Analysen, registrierten. Freud selbst fielen zwei neue Tatsachen in den Analysen mit Frauen auf: Erstens, wo eine starke Vaterbindung bestand, gab es vorher eine Phase von ausschließlicher Mutterbindung von gleicher Intensität oder Leidenschaftlichkeit. Zweitens ist die Zeitdauer dieser Mutterbindung von ihm selbst massiv vernachlässigt worden. Sie dauert bis ins vierte oder fünfte Lebensjahr. Von daher kommt der präödipalen Phase und Mutterbindung des Mädchens neue Bedeutung zu.

> Die Einsicht in die präödipale Vorzeit des Mädchens wirkt als Überraschung, ähnlich wie auf anderem Gebiet die Aufdeckung der minoisch-mykenischen Kultur hinter der griechischen (Freud, 1931: 519).

Die von Freud angenommene Bisexualität des Menschen tritt bei der Frau deutlicher hervor als beim Mann, hat der Mann doch nur ein Geschlechtsorgan, das Weib dagegen zwei: nämlich die »eigentlich weibliche Vagina und die dem männlichen Glied analoge Klitoris« (ebd.: 520). Bekanntlich konnte Freud nie explizit die Erkenntnisse seiner Kolleginnen über die, zumindest unbewußte, Kenntnis der Vagina in der präödipalen Phase annehmen. Die Vagina ist für ihn dementsprechend das *reife* Organ, welches die Klitoris in der Pubertät ersetzt und zu einem *echten*, d.h. vaginalen, Orgasmus führen soll, im Gegensatz zum *unreifen* Organ, der Klitoris, die ab der Pubertät keine Rolle mehr spiele. Von diesen zwei Organen leitet Freud die zwei Entwicklungsphasen des Mädchens ab, von denen die erste, d.h. die klitorale, männlichen Charakter hat; erst die zweite bezeichnet er als spezifisch weiblich.

> Natürlich wissen wir nicht, wie sich diese Besonderheiten des Weibes biologisch begründen; noch weniger können wir ihnen teleologische[9] Absicht unterlegen (Freud, 1931: 529).

Es ist vermutlich, nicht nur für Freud, keine einfache Vorstellung, daß die Frau – verglichen mit dem Mann – gleich zwei potente Sexualorgane besitzt. Anhand von Freuds Vorstellungen entfachte sich in den 70er Jahren die Diskussion über klitoralen versus vaginalen Orgas-

---

9 teleologisch = zielgerichtet, auf einen Zweck hin ausgerichtet

mus, d.h. dem *verschwundenen* klitoralen Orgasmus mußte der ihm zustehende Stellenwert mit Vehemenz wieder zugesprochen werden.

Parallel zu dieser großen Differenz der zwei weiblichen Sexualorgane, im Vergleich zum männlichen einen, besteht nach Freud die Differenz auf dem Gebiete der Objektbeziehung: Beim Manne ist die Mutter das erste Liebesobjekt und bleibt es, bis sie ersetzt wird; bei der Frau ist es zu Beginn ebenfalls die Mutter, welche jedoch am Ende der infantilen Entwicklung durch den Mann/Vater als neues Liebesobjekt ersetzt wird. Dem Geschlechtswechsel der Frau von klitoral zu vaginal muß nach Freud ein Wechsel im Geschlecht des Objektes entsprechen. Folglich gelten auch die früheren Aussagen über den Ödipuskomplex nicht mehr. Hier sagt Freud sogar, der Name Elektrakomplex sei abzulehnen, weil er die Analogie im Verhalten der Geschlechter betonen wolle, die eben *nicht* vorhanden sei.

Die erste Mutterbindung sei schwer zu verstehen, da sie archaisch und schattenhaft sei und besonders verdrängt werde, sagt Freud. Ahnt er das triebhafte sexuelle interaktive Geschehen zwischen Mutter und Tochter? Laplanche hilft uns hier weiter, wie ich im 4. Kapitel darlegen werde.

Freuds Fazit war, daß in dieser präödipalen Phase der Keim für die weibliche Hysterie und Paranoia liegen müsse. Dies wäre ein Beleg für den wichtigen Stellenwert des Sexuellen zwischen Mutter und Tochter. Analog dazu existiert heutzutage unter anderem die These, daß Anorexie und Bulimie ihren Ursprung in präödipalen Störungen oder Defiziten in der Mutter-Tochter-Beziehung haben müsse.[10]

In diesen Arbeiten, auch einige Jahre nach den Untersuchungen von Josine Müller und Karen Horney, ist die Vagina physisch nicht existent und zu keiner Regung fähig. Nach Freud sind die sexuellen Wünsche des Mädchens gegenüber der Mutter von oraler, sadistischer und phallischer Natur, d.h. männlich geprägt. Freuds Ambivalenz und Unsicherheit zeigt sich darin, daß er später betont, es gebe nur eine einzige Libido, »die Libido«, egal, ob die Ziele aktiver (= männlicher) oder passiver (= weiblicher) Natur sind. Aber am Ende nimmt diese eine Libido doch männliche Formen an, da der Penis

---

10 Siehe dazu auch Christina von Braun, 1985: »NichtIch«, wo sie die Zusammenhänge zwischen der Hysteriegeschichte und der Anorexie herzustellen versucht.

maßgebend bleibt.

Die Frage, was das kleine Mädchen von der Mutter verlange und welcher Art seine Sexualziele in jener Zeit der ausschließlichen Mutterbindung seien, beantwortet er so:

> Die so überraschende sexuelle Aktivität des Mädchens gegen die Mutter äußert sich der Zeitfolge nach in oralen, sadistischen und endlich selbst in phallischen, auf die Mutter gerichteten Strebungen. Die Einzelheiten sind hier schwer zu berichten, denn es handelt sich häufig um dunkle Triebregungen, die das Kind nicht psychisch erfassen konnte zur Zeit, da sie vorfielen, die darum erst eine nachträgliche Interpretation erfahren haben und dann in der Analyse in Ausdrucksweisen auftreten, die ihnen ursprünglich gewiß nicht zukamen (Freud, 1931: 531).

Die eigene phallische Betätigung, die Masturbation an der Klitoris, wird vom kleinen Mädchen meist spontan und ohne Absicht gefunden, meint Freud. Das Masturbationsverbot wird dann aber zum Anlaß für das Mädchen, diese aufzugeben, gleichzeitig aber zum Motiv der Auflehnung gegen die Mutter. Die Wut wegen der Behinderung in der freien sexuellen Betätigung spielt eine große Rolle bei der Ablösung von der Mutter. In der phallischen Phase kommen ebenfalls intensive aktive Wunschregungen gegenüber der Mutter zustande. Das kleine Mädchen will der Mutter das neue Geschwisterchen gemacht haben, genau wie der Knabe. Freud fährt fort: Die Abwendung von der Mutter ist ein höchst bedeutsamer Schritt in der Entwicklung des Mädchens. Sie ist mehr als ein bloßer Objektwechsel. Denn mit der Ablösung von der Mutter fällt ein starkes Absinken der aktiven und Ansteigen der passiven Sexualregungen zusammen. Durch die Einstellung der aktiven »klitoridischen Masturbation« wird gleichzeitig »ein gutes Stück ihres (des Mädchens, AK) Sexualstrebens überhaupt beschädigt« (ebd.: 533). Daß die ursprünglich gleichen libidinösen Kräfte wie beim Knaben wirksam sind, wird auch an dieser Stelle von Freud erneut betont. Daß diese jedoch vom Mädchen aufgegeben werden müssen, könne möglicherweise biochemische Gründe haben, vermutet Freud. Er bleibt dabei jedoch unklar und hilflos in seinen Erklärungen, auch wenn er deutlich formuliert, daß das Problem nicht gelöst sei (ebd.: 534).

In seiner letzten Arbeit über »Die Weiblichkeit« (Freud, 1933) eröffnen sich einerseits plötzlich viele Fragen, andererseits werden frühere Ansichten untermauert, wie z.B. die Bedeutung des Kastrationskomplexes für die Frau. Das »defekte Genitale« (Klitoris) und das Bedürfnis, dieses zu reparieren, prägt das Frauenleben. Freud beschreibt die besondere Starrheit und Unbeweglichkeit der Libido von Frauen, die bei ihm in Analyse sind. Meine These ist, daß die weibliche Triebverdrängung in der Theorie der Psychoanalyse mit Freud selbst begonnen hat und von den Frauen, u.a. auch Feministinnen, bis heute weitergeführt wird. Denn es ist anzunehmen, daß die Frauen damals eine Analyse machten, um gerade das zu suchen, was in Freuds Theorie keinen klaren Raum für sie hatte: nämlich das Auflösen der libidinösen Starrheit. Auch heutzutage ist dies nicht anders.

Aber die Ambivalenz in bezug auf das Weibliche bleibt. Als offene Frage erscheint zu Beginn von Freuds Arbeit die Gegenüberstellung von männlich = aktiv versus weiblich = passiv, was nicht psychologisch determiniert ist, wie Freud sagt. Er weist auf gewisse Tierverhaltensweisen hin, bei denen das Weibchen die aktive Rolle einnimmt.

> Selbst auf dem Gebiet des menschlichen Sexuallebens merken Sie bald, wie unzureichend es ist, das männliche Benehmen durch Aktivität, das weibliche durch Passivität zu decken (ebd.: 122).

Auch das gesellschaftliche Moment spielte eine Rolle: Die patriarchalen Strukturen, die den Frauen ihren Platz zuweisen. Dazu Freud:

> Dabei müssen wir aber achthaben, den Einfluß der sozialen Ordnungen nicht zu unterschätzen, die das Weib gleichfalls in passive Situationen drängen. Das ist alles noch sehr ungeklärt (ebd.: 123).

Vergleicht man die Weiblichkeitstexte von 1905 bis 1933, so hält Freud einerseits an den wichtigsten Konzepten wie Kastrationskomplex und Penisneid fest, auch an dem »defekten Genitale« der Frau, das ihre passive Haltung konstituiert, im Gegensatz zum aktiv männlichen. Andererseits erbringen seine letzten Arbeiten (1931, 1933) neue Erkenntnisse, wie die der wichtigen präödipalen Mutterbindung des Mädchens und Fragen nach den gesellschaftlichen Faktoren, welche eine Frau dahin drängen, wo sie auch heute immer noch ist.

Relevant bleibt die Frage nach dem Triebhaften zwischen Mutter und Tochter. Gerade auch in den Freud-Texten. Jedenfalls wurde das Konzept der libidinös besetzten präödipalen Mutterbindung zwischen Mutter und Tochter, auf welche Jeanne Lampl-de Groot hinweis, von Freud aufgenommen. Aber nach seinem Tode entwickelten sich daraus die Objektbeziehungstheorien, die zwar nicht generell, aber zum großen Teil, das Libidinöse zwischen Mutter und Tochter eliminierten. Damit wurde die Phase der »Verflüchtigung des Sexuellen in der Psychoanalyse« (Parin, 1986) eingeleitet, die bis heute anhält.

2.6. Zusammenfassung

Durch die Darstellung der Entwicklungsgeschichte der Freudschen Triebtheorie ist klar geworden, daß das Aufgeben der Verführungstheorie in keinem Moment bedeutete, daß Freud die reale Verführung durch die Väter verleugnete und sie als Phantasien taxierte. In Wirklichkeit hielt er bis an sein Lebensende an der realen Verführung fest. Die Triebtheorie brachte jedoch neue Dimensionen für die Psychoanalyse. So konnte Freud seine Gedanken zur infantilen Sexualität, zum Ödipuskomplex sowie zum Penisneid und Kastrationskomplex entwickeln. Auch wenn in seinen Texten die Mädchen als Pendant zum Knaben gesehen und als eigentliche Mängelwesen beschrieben werden, so ist trotzdem festzuhalten, daß unzählige Textstellen aus seinen Arbeiten und Briefwechseln einen anderen Freud vermuten lassen, einen Freud, der sein Leben lang zweifelte und seinen eigenen Gedanken immer sehr skeptisch gegenüberstand. Das wird in seinen Arbeiten zur Weiblichkeit sichtbar und in seiner Frage: »Was will das Weib?«

Mit dem Aufgeben der Verführungstheorie, d.h. der realen Verführung durch den Vater, zugunsten der Triebtheorie eliminiert Freud gleichzeitig die Verführung durch die Mutter, wie Laplanche in seiner »allgemeinen Verführungstheorie« nachweist. Die psychoanalytische Triebtheorie zeigt Lücken, wenn das Sexuelle in der Interaktion zwischen Mutter und Kind der präödipalen Phase ausgeklammert wird.

3. Die Libido im feministisch-psychoanalytischen Diskurs

Wird die neuere feministisch-psychoanalytische Literatur herangezogen, dann fällt auf, daß das Triebhafte und somit das Sexuelle in diesen Weiblichkeitsentwürfen weitgehend zu fehlen scheint. So sagt z.B. Christa Rohde-Dachser: »Wir sind keine Sklaven des Unbewußten – das Unbewußte diktiert uns deshalb auch nicht unsere Realität« (1990b: 240). Das Unbewußte aber ist der Ort der libidinösen Phantasien. Wird die kränkende Einsicht, »nicht Herr(in) im eigenen Hause« zu sein, verleugnet, dann fehlt den Untersuchungen zu neuen Weiblichkeitskonzepten das wichtige Instrumentarium des psychoanalytischen Triebbegriffs. Ohne psychoanalytisches Triebkonzept ist die Frage nach dem weiblichen Begehren, der weiblichen Potenz, kaum zu untersuchen.

Wie im 2. Kapitel dargelegt wurde, nahm der Weiblichkeitsdiskurs in der Psychoanalyse in den 20er und 30er Jahren seinen Anfang. Die Psychoanalytikerinnen übten Kritik am Nicht-Ort der Frau in der Psychoanalyse. Als erste hat Karen Horney in den 20er Jahren mit kulturanthropologischen Äußerungen bekanntlich die Weiblichkeitsdebatte ausgelöst. Trotz massivster Kritik an Freud und seinen Thesen zur Frau wurde damals gleich wie heute am psychoanalytischen Denken festgehalten.

Infolge des Nationalsozialismus und der Umwälzungen während des Zweiten Weltkrieges blieb es einige Jahrzehnte ruhig bezüglich dem psychoanalytischen Weiblichkeitsdiskurs, bis 1964 von Janine Chasseguet-Smirgel »Psychoanalyse der weiblichen Sexualität« (1974 in deutscher Übersetzung) erschien, eine Aufsatzsammlung von orthodoxen französischen Psychoanalytikerinnen. Die Wichtigkeit dieser Schrift bestand und besteht nach wie vor darin, daß sie nach langem Schweigen die Thematik der »Frau in der Psychoanalyse« wieder zur Sprache brachte. Als orthodoxe Freudianerinnen blieben die Psychoanalytikerinnen Freud zwar treu, d.h. seinem Bild des

Mädchens als Gegenentwurf zum Knaben. Jedoch wurde von diesem Zeitpunkt an wieder neu über den Stellenwert der Frau im psychoanalytischen Denkgebäude nachgedacht. Und dies ist das Verdienst der Französinnen.

Die Frauenbefreiungsbewegung in den 70er Jahren griff erneut das »Mängelwesen« Frau in der Psychoanalyse auf. Die Frauen begannen sich wiederum gegen das Konzept des Penisneides sowie gegen die Idee des vaginalen (reifen) versus klitoralen (unreifen) Orgasmus zu wehren. Die Mutter-Tochter-Interaktion wurde zwar in den Mittelpunkt gerückt, jedoch nicht in bezug auf das Triebhafte untersucht.

Die Protagonistinnen waren diesmal nicht etablierte Psychoanalytikerinnen, sondern Soziologinnen und Feministinnen aus diversen Gebieten, wie z.B. Kate Millett und Sulamith Firestone aus den USA. Sie wurden dankbar aufgenommen, erfüllten sie doch die wichtige Funktion, der Frau zu einem eigenen Status jenseits des Männlichen zu verhelfen.

In Frankreich begann sich Luce Irigaray in den 80er Jahren mit der Geschlechterdifferenz zu befassen. Ihre Thesen wurden zuerst nach Italien, dann in den deutschsprachigen Raum »exportiert«. Gleichzeitig wurden Feministinnen in den USA auf die »Französische Theorie« aufmerksam, getragen von Simone de Beauvoirs bekanntem Zitat: »Man wird nicht als Frau geboren, man wird es«, was zum Differenzdiskurs führte, welcher die 90er Jahre prägte.

Feministische Ansätze zum Verständnis der eigenständigen weiblichen Entwicklung wurden von feministischen Soziologinnen formuliert. Erwähnt seien z.B. die Amerikanerinnen wie Jessica Benjamin, welche bei Adorno in Frankfurt studierte und nach wissenschaftlicher Tätigkeit an der New York University inzwischen Psychoanalytikerin geworden ist. Nancy Chodorow ist Soziologieprofessorin und mittlerweile ebenfalls psychoanalytisch tätig; Carol Gilligan ist Professorin für pädagogische Entwicklungstheorie. Alle arbeiten mit psychoanalytischen Konzepten, denn für die Entwicklung weiblicher Subjekttheorien reichte die Untersuchung von sozialen und ökonomischen Verhältnissen nicht mehr aus. Deshalb wurde auf die Psychoanalyse zurückgegriffen. Für den Entwurf einer Weiblichkeitstheorie reicht aber auch die Psychoanalyse nicht, wenn die Triebtheorie außer acht gelassen wird. Feministische Psychoanalytikerinnen folgten den Soziologinnen, fasziniert von deren gesellschaftskritischem Denken, und versuchten nun ihrerseits Freuds Weiblichkeitsentwurf neu zu formulieren. Auf diese Weise entstand eine Mischung von sich gegenseitig beeinflussenden Diskursen, die sich aber gegenseitig – so scheint es – in der (bewußten oder unbewußten) Triebeliminierung bestärken.

Nancy Chodorow und Jessica Benjamin, welche ich diskutieren möchte, sind zunehmend im Grenzbereich zwischen der Psychoanalyse und der postfeministischen Kritik anzusiedeln. Das Verwirrende an den beiden Autorinnen ist deren explizite Bezugnahme auf psychoanalytisches Denken in ihren Konzeptionen, jedoch unter Auslassung der Triebtheorie.

Der Differenzdiskurs kann hier nur sehr am Rande, nämlich dort, wo er mit der Psychoanalyse in Berühung kommt, besprochen werden. Vorläufig spielt er sich noch im akademischen Milieu ab. Immer mehr Psychoanalytikerinnen, wie Nancy Chodorow, Jessica Benjamin, Muriel Dimen und andere, setzen sich mit der Butler-Kontroverse auseinander. Der Ansatz der postmodernen feministischen Kritik besteht darin, Individuum, Kultur und Gesellschaft zu dekonstruieren, so daß man am Ende nicht mehr in der Lage ist, genau zu definieren, was einen Mann oder eine Frau ausmacht. Denn »Mann« und »Frau« sind kulturelle Konstrukte und haben nicht mehr länger den Stellenwert, den sie in der patriarchalen Gesellschaft hatten. Die Auseinandersetzung mit der postmodernen feministischen Kritik ist für die feministische Psychoanalyse wichtig. Denn durch ihre Angriffe wird die Hypothese einer genuin-weiblichen Triebhaftigkeit in Frage gestellt.

Interessant ist die Annäherung der New Yorker Analytikerinnen (zu denen auch Chodorow und Benjamin gehören) an den Differenzdiskurs und an Judith Butler. Mit der Entwicklung in den USA beschäftigen sich auch europäische Psychoanalytikerinnen. Eine Auseinandersetzung mit der »relationalen Psychoanalyse«, welche die Psychoanalyse mit der postmodernen feministischen Kritik verbinden will, wird nicht zu umgehen sein, auch wenn die Widerstände noch groß sind. Denn in den Konzeptionen der Amerikanerinnen ist die Homosexualität, bzw. das Homosexualitätstabu, ein wichtiges Thema. Homosexualität und Mutter-Tochter-Beziehung stehen in engem Zusammenhang. Wenn aber das Triebhafte in der Interaktion zwischen Mutter und Tochter übergangen wird, bleibt nicht mehr viel Raum für die Auseinandersetzung mit dem Homosexuellen an sich, und mit der Homosexualität als Lebensentwurf.

3.1. Die Frauenbefreiungsbewegung in den 70er Jahren

Die Weiblichkeitsdebatte in den 30er Jahren unterschied sich vom feministisch-psychoanalytischen Diskurs in den 70er Jahren darin, daß damals die Diskussion unter etablierten Psychoanalytikerinnen und Psychoanalytikern stattfand, während der Beginn der heutigen Diskussion Ende der 60er und in den 70er Jahren durch die Frauenbefreiungsbewegung entstand. Das heißt, die Initiantinnen waren und sind nicht zwingend Psychoanalytikerinnen.

Wenn ich vom feministisch-psychoanalytischen Weiblichkeitsdiskurs spreche, dann meine ich jene Theorien, in welchen das psychoanalytische Denken integrierter Bestandteil der jeweiligen feministischen Konzeption ist, sei sie philosophisch, soziologisch, linguistisch oder psychoanalytisch-therapeutisch. Es wird im weiteren immer wieder darum gehen zu eruieren, an welchen Stellen die Triebe in diesen Weiblichkeitsentwürfen fehlen und diese in der Folge begrenzt bleiben müssen, wenn sie die weibliche Subjektkonstitution erklären wollen.

Kate Millett und *Shulamith Firestone* gehörten zu den ersten, für die in ihrer Kritik Freud quasi der Chefideologe der Frauenunterdrückung war. In ihrem Buch »Sexus und Herrschaft. Die Tyrannei des Mannes in unserer Gesellschaft« (1986, engl. 1969), bezeichnet Millett Freud als »die stärkste konterrevolutionäre Kraft in der Bewegung der Sexualpolitik« (ebd.: 216) und gab damit sozusagen den Startschuß zu einer fundamentalen Freud-Kritik, die höchst emotionell verlief. Die Frauenbefreiungsbewegung der 70er Jahre war bekanntlich als Folge der »Sexuellen Revolution« der 60er Jahre entstanden, welche den Frauen nicht in gleicher Weise jene freie Liebe gewährte wie den Männern. Zwar entstand für die Frauen eine gewisse sexuelle Freiheit durch die Antibabypille, jedoch andere Bedürfnisse der Frauen wie soziale, politische und ökonomische kamen weiterhin zu kurz oder wurden den Bedürfnissen der Männer untergeordnet. Das heißt, es galt nun, die Geschichte der Frauen als Geschichte sexueller und sozialer Unterdrückung zu begreifen. Was lag hier näher, als sich mit dem Penisneidkonzept zu beschäftigen? Im Laufe der Diskussion wurde denn auch der Penisneid von den Feministinnen als Mythos entlarvt, bzw. als Projektion des Gebärneides erkannt, – was schon 1926 von Karen Horney in ihrer Arbeit »Flucht aus der Weiblichkeit« formuliert wurde –, um in einem nächsten Schritt zur Erkenntnis zu gelangen, daß der »Penis« des Penisneides nicht wirklich der physische Penis war, sondern Ausdruck von Macht, von männlicher Macht über Frauen![1]

Die sich im Anschluß an diese Erkenntnis formierenden Frauengruppen holten zwar, unter Ausschluß der Männer, die Frauen aus ihrer Isolation und boten dadurch die Möglichkeit, sich gegenseitig über die Erfahrungen sexueller und sozialer Unterdrückung auszutauschen. Veränderungen der mißlichen Lage bahnten sich jedoch nur mühsam an. Also besannen sich die Frauen wieder auf Freud. So sagte 1970 Shulamith Firestone in ihrem Buch »Frauenbefreiung und sexuelle Revolution«:

> Sowohl der Freudianismus als auch der Feminismus sind als Reaktionen auf eine der scheinheiligsten Epochen der westlichen Zivilisation zu verstehen, nämlich der Viktorianischen Ära, die sich durch ihre Familienzentriertheit und ihre übertriebene Unterdrückung der Sexualität auszeichnete. Beide Bewegungen standen für ein Erwachen: Aber Freud war lediglich der Diagnostiker dessen, was der Feminismus will (1975: 56).

Firestone, welche in ihren Manifesten das psychoanalytische Gedankengut heftigst kritisierte, war am Aufbau der Frauenbefreiungsbewegung in den USA (Women's Liberation Movement) maßgeblich beteiligt. Im Grunde hat diese Art von Kritik nicht allzuviel mit einer Auseinandersetzung der Psychoanalyse in bezug auf Feminismus zu tun. Trotzdem ist sie wichtig zu erwähnen, weil die Verschränkung von

---
1 Siehe diverse Publikationen von Luce Irigarays Kritik an Lacan.

Beauvoirs Gedanken, auf welche Firestone sich stützt, mit ihrer vehementen Kritik an der Aussage »Anatomie ist Schicksal« als eigentliche Vorläuferin der postmodernen feministischen Kritik um Judith Butler gesehen werden kann, welche wiederum die Psychoanalyse in ihre Konzeptionen miteinbezieht.

Firestone stellt die weibliche Biologie in den Mittelpunkt ihrer Kritik: »Feministinnen müssen nicht nur die gesamte westliche Kultur in Frage stellen, sondern die Kultur selbst, mehr noch: sogar die Natur« (1975: 10).

Ihre Forderungen bestehen darin, die Reproduktion künstlich zu machen: »Das Kindergebären könnte von der Technologie übernommen werden«, was in der Zwischenzeit schon geschehen ist. Technik und Automation würden alle Hausarbeiten übernehmen, und die »vollständige Integration von Frauen und Kindern in die Gesellschaft« wäre somit gewährleistet. Erotik, Lust und Liebe würden die Menschen bestimmen, Widersprüche und Konflikte, mit denen sich die menschlichen Individuen noch herumschlagen müssen, wären verschwunden. Dieses phantastische System würde auf der Abschaffung der Schwangerschaft beruhen.

In der Absicht, mit ihrer Theorie die Frauen zu befreien, hat sie im Grunde die konsequente Verneinung und Auslöschung des weiblichen Körpers propagiert. Denn wenn, nach Firestone, der weibliche gebärfähige Körper die Schuld an der Herrschaft des Menschen über den Menschen und somit an der weiblichen Unterdrückung trägt, bedeutet in diesem Konzept die Befreiung vom Gebären die Befreiung für die ganze Menschheit. Die Reproduktionstechnologie ist inzwischen über Firestones Anliegen weit hinausgewachsen, die Reproduktion wird, je länger je mehr, den Frauen entzogen, sie sind die Machtunterworfenen.[2] So hätte denn die Befreiung umgekehrt in der *Rückgewinnung* der Kontrolle über den weiblichen Körper durch die Gynäkologie bestehen müssen.

Für die andere Freud-Kritikerin, Kate Millett, besteht die wirkliche Tragödie der Freudschen Psychologie darin, daß die falschen Inter-

---

[2] Siehe auch Sammelband von C. Roth u. a., 1987: Genzeit.
[3] Daß in der Psychoanalyse nichts von unantastbarer Gültigkeit sein kann, hat Freud selbst mehrfach betont. Diese Tatsache liegt auch implizit im psychoanalytischen Denken.

pretationen des weiblichen Charakters auf klinischen Beobachtungen von unantastbarer Gültigkeit (1986: 280) beruhten.³ Sie sagt jedoch zu Recht, daß die Frauen, die zum Psychoanalytiker gingen, die nichtangepaßten, die unzufriedenen Frauen gewesen seien. Da das Freudsche Verständnis des weiblichen Wesens auf der Idee des Penisneides aufbaue, verlange dies eine stetige Wiederholung der Analyse, sagt Millett. Deshalb wird davon zwangsläufig abgeleitet, daß der Frau etwas fehlt, und diese sich deshalb benachteiligt fühlen muss, wegen einem Mangel, an dem die andere Hälfte der Menschheit nicht leidet. Eine Anschauung, die von der Voraussetzung ausgehe, daß »die Gerechtigkeitsforderung [...] eine Verarbeitung des Neids« (S. Freud, 1933: 144) ist und die Enteigneten darüber aufkläre, daß dieser Zustand organischer Natur und deshalb unveränderbar sei, könne natürlich sehr viel Ungerechtigkeit stillschweigend gutheißen (Millett, 1986: 292).

Sie fragt sich, warum größer (Penis) auch besser heißen müsse, und warum das Mädchen sich in seinem kindlichen Narzißmus nicht auch vorstellen könne, daß der Penis ein Auswuchs sei, und deshalb seinen eigenen Körper als Norm nehmen. Und warum soll ein Penis zum Onanieren besser sein als eine Klitoris? Ein Mädchen habe ja nie die Möglichkeit, die Autoerotik des Penis zu erleben, so wie der Knabe auch nie die Klitoris erfahren kann (ebd.: 283).

Die Auseinandersetzung mit marxistischen Denkansätzen Ende der 60er Jahre, welche mit der Psychoanalyse verbunden wurde, wurde auch von den Feministinnen jener Zeit geführt. Dies zeigt sich in den Visionen von beispielsweise Firestone, in welchen die Machtunterschiede zwischen den Geschlechtern durch das Inzesttabu zwischen Mutter und Sohn entstehen. Sie sagt, daß daraus der männliche Abscheu und die männliche Überlegenheit über die Frauen hergestellt und in der Folge alle Klassen- und Rassenteilung möglich gemacht würden.

Die andere Protagonistin im Diskurs »Feminismus und Psychoanalyse« war Ende der 70er Jahre Juliet Mitchell, die Anfang der 80er Jahre im deutschsprachigen Raum Eingang fand.

3.2. Feminismus und Psychoanalyse in den 80er Jahren

Juliet Mitchell argumentiert in gewissen Bereichen ähnlich wie Firestone (Mitchell, (1976) 1985). Denn auch sie möchte die allmähliche Abschaffung des Inzesttabus, mit der die Überwindung kapitalistischer Produktionsbedingungen einhergehe. Eine Diskussion feministisch-marxistischer Ansätze, die nach der 68er-Bewegung stattfand, kann im Rahmen dieser Arbeit nicht stattfinden. Für unsere Überlegungen ist hervorzuheben, daß Juliet Mitchell in den 70er Jahren diejenige war, welche auch Gegenpositionen vertrat: »Wer die Unterdrückung der Frau begreifen und wirksam bekämpfen will, kommt an der Psychoanalyse nicht vorbei« (ebd.: 11). Sie setzte sich vehement gegen die Freud-Kritikerinnen zur Wehr. Denn das Konzept des Unbewußten sowie der infantilen Sexualität boten ein Instrumentarium, ohne das der Feminismus nicht auskäme. Sie ging mit Freud weitaus angemessener um als die meisten Feministinnen.

Juliet Mitchells Arbeiten sind geprägt von Ronald D. Laing und Wilhelm Reich und auch zunehmend beeinflußt von Jacques Lacans Psychoanalyse, der seinerseits in den 70er Jahren zum Bindeglied zwischen Feminismus und Psychoanalyse wurde. Dies gelang ihm vor allem durch seine Phallus-Definition, die den Penisneid überflüssig machte, denn der Phallus bezeichnet eine signifizierende Funktion, während der Penis eine anatomische Tatsache ist. Einen Penis hat man oder eben nicht, während niemand ein Phallus hat. Den Phallus bezeichnet Lacan in »Les formations de l'inconscient« (1958) als »Signifikant des Wunsches«. Lacan bot die Grundlage zur Französischen Theorie in den 80er Jahren.

Das bedeutete für die Feministinnen und Psychoanalytikerinnen wie Juliet Mitchell und andere, daß Lacans Theorie ihnen anwendbarer erschien als die Freudsche, trotz sexistischer Tendenzen in Lacans System. Diese lacanianischen sexistischen Tendenzen macht Luce Irigaray in ihrem Werk deutlich: Für sie ist der Lacansche Phallus die »moderne Figuration eines um seine Privilegien fürchtenden Gottes« (1979: 67).

Einerseits versuchte also Mitchell die Psychoanalyse für den Feminismus zu retten und bezog sich unter anderem auf Lacan. Andererseits machte eine Simone-de-Beauvoir-Tagung, die 1979 in den USA stattfand, die amerikanischen Feministinnen hellhörig auf die *Französische Theorie*. Diese beinhaltet in ihrer Vielfalt strukturelle Anthropologie, Marxismus, Geschichtswissenschaft, Dekonstruktion, Narratologie, Poststrukturalismus (Weedon, 1990), repräsentiert durch philosophische Vertreterinnen und Vertreter wie Louis Althusser, Michel Foucault, Claude Lévy-Strauss, Jacques Derrida, aber auch Julia Kristeva, Sarah Kofmann, Hélène Cixous u.a.m., die alle die Psychoanalyse in ihr Denken einbezogen, ob in kritischer oder anderer Weise. Und von daher ist auch die breite Freud-Rezeption zu verstehen, die nicht nur auf die Psychoanalytikerinnen beschränkt blieb, sondern auch für Soziologinnen und Philosophinnen in Form von überall angebotenen »Freud studies« oder »La Psychoanalyse Freudienne« zugänglich wurde.

Wie erwähnt, begann sich in den 80er Jahren der feministische Diskurs in Orientierung an Simone de Beauvoirs bekanntem Zitat »Man wird nicht als Frau geboren, man wird zur Frau gemacht« in Richtung Geschlechterdifferenz resp. Sexuelle Differenz zu entwickeln, und zwar gleichermaßen in Europa wie in den USA.

Im folgenden sei ganz kurz der Differenzdiskurs erwähnt. Ich verzichte im Rahmen dieser Arbeit auf eine Diskussion, da eine Flut von Publikationen darüber existiert. Trotzdem ist festzuhalten, daß der Diskurs zur Geschlechterdifferenz deshalb von Wichtigkeit ist, weil sich einerseits die feministischen New Yorker Analytikerinnen, – worunter Jessica Benjamin, Toril Moi, Virginia Goldner, Nancy Chodorow, Jane Gallop, Muriel Dimen u.a. zu zählen sind –, intensiv damit befassen, was in ihren feministischen Konzeptionen je länger je mehr zum Ausdruck kommt. Andererseits ist zu fragen, wie sich das Triebhafte in der Verbindung von Psychoanalyse und postmoderner feministischer Kritik zeigt.

3.3. Einige Anmerkungen zum Differenzdiskurs in den 90er Jahren

Der Differenzdiskurs hebt den scheinbar klaren Begriff der »Geschlechtsidentität« aus den Angeln. Die psychologischen und sozialen Dimensionen der biologischen Kategorie Geschlecht werden in Frage gestellt. Geschlechtsidentität wird als kulturelles Konstrukt begriffen, das es zu dekonstruieren gilt. In diesem Sinne muß Beauvoirs »zur Frau gemacht« verstanden werden. Die Dekonstruktion bringt in der Folge eine Vielfalt von Möglichkeiten zur Geschlechtsidentität zutage, nicht nur das Frausein.

So bildet nach Muriel Dimen, einer New Yorker Psychoanalytikerin, die Differenz den Kern der Geschlechtsidentität (1995), und zwar: »[...] die Beziehung zwischen Maskulinität und Femininität, wie sie kulturell aufgefaßt, interpersonell verhandelt und innerpsychisch erlebt wird« (ebd.: 255).

Weiter sagt Dimen, man

> [...] absorbiert den Gegensatz zwischen weiblich und männlich. Unsere Kultur hat zwei Muster für Verlangen, eines für Männer und ein anderes für Frauen. Das erste Muster würdigt, maskulinisiert und macht die Erfahrung des »Ich will« zu einer erwachsenen Erfahrung. Das zweite entwertet, femininisiert und infantilisiert den Zustand des Gewolltwerdens, die Erfahrung »Ich will gewollt werden« (1986: 7).

Die Ansammlung von Dualismen bezieht sich nach Dimen nicht nur auf männlich/weiblich, sondern auf eine Vielfalt anderer Gegensatzpaare wie Selbst/anderes, Autonomie/Abhängigkeit usw. Deshalb besteht für sie die Geschlechtsidentität aus »[...] komplexen und veränderlichen Beziehungen inmitten vielfacher Gegensätze oder Differenzen« (1995).

In Frankreich ist Luce Irigaray als die Begründerin der Theorie der »Sexuellen Differenz« zu bezeichnen, welche sie selbst im Austausch mit den Mailänder Feministinnen nach Italien brachte. Die Mailänder Feministinnen gruppierten sich in und um den Mailänder Frauenbuchladen, der Treffpunkt und Versammlungslokal für feministische Aktivitäten war. Der Frauenbuchladen »Libreria delle donne« war der politische Bezugspunkt, an welchem denn auch der

Austausch mit anderen europäischen Ländern stattfand. So erschien unter dem Titel »Wie weibliche Freiheit entsteht« ein Buch zur »neuen politischen Praxis«. Die Autorinnen (35 Frauen) gaben ihr Werk unter »Libreria delle donne« heraus. In den 80er Jahren wurden ihre Ideen, zusammen mit jenen von Luce Irigaray auch im deutschsprachigen Raum zur Kenntnis genommen.

In den USA andererseits bildeten die Arbeiten von Foucault, der sich mit der Machtfrage befaßt, und von Lyotard mit seinem »Postmodernen Wissen« (1994) die Grundlagen für die sex-gender-Theorien, die seit Anfang 1990 auch uns beschäftigen, herbeigeführt durch die »Butler-Kontroverse«. Der Bestseller »Gender Trouble« (1990) von Judith Butler löst seit seinem Erscheinen heftigste Reaktionen aus. Sie vertritt die These, daß die Identitäten der Geschlechter nichts natürlich gegebenes sind, sondern sozial und sprachlich von jedem einzelnen immer neu aufgenommen und in Szene gesetzt werden. In einer weiteren Publikation »Bodies that Matter« (1993) geht sie den subtilen Machtmechanismen nach, die hinter den Kategorien Männlichkeit und Weiblichkeit sowie Natur, Kultur und Körper stecken. Butler ist deshalb von Wichtigkeit, weil die amerikanischen Psychoanalytikerinnen beginnen, Butlers Thesen in ihre Konzeptionen einzubeziehen, wodurch eine Wechselwirkung von feministisch-poststrukturalistischer Kritik und psychoanalytischem Denken entsteht.

Die kulturellen Unterschiede in der Aufnahme der verschiedenen feministischen und auch feministisch-psychoanalytischen Theorien auseinanderzudividieren, wäre eine Aufgabe für sich. Zum Beispiel könnte die Frage spannend sein, auf welche Art und Weise die Amerikanerinnen im Vergleich zu den französischen Philosophinnen und Psychoanalytikerinnen die »Französischen Theorien« verarbeiten. Daß die amerikanischen Feministinnen den Begriff *French Feminism* durch den des *Postmodern Feminism* ersetzten, mag darauf hinweisen, daß sich beide Bewegungen nahe stehen (Kroker, 1994), andererseits aber auch darauf, daß die Amerikanerinnen, d.h. die feministischen Psychoanalytikerinnen, noch einen Schritt weitergehen, indem sie die poststrukturalistische feministische Kritik in die »relationale Psychoanalyse« integrieren. Doch darauf komme ich im Anschluß an die Diskussion der Konzepte von Benjamin und Chodorow im folgenden Kapitel.

Die Libido im feministisch-psychoanalytischen Diskurs

Eine Fülle von Literatur mit feministisch-psychoanalytischen Weiblichkeitsentwürfen und -konzepten würde sich zur Diskussion und Analyse im Umgang mit dem Triebhaften anbieten. Zum Beispiel Luce Irigarays »Sexuelle Differenz«, Jessica Benjamins »Intersubjektiver Raum« oder Carol Gilligans »Andere Stimme«, Nancy Chodorows »Muttern« oder Christiane Oliviers »Jokastes Kinder« oder auch Nina Lykkes »Transformationskonzept« sowie noch manche andere. Alle beschäftigen sich – in sehr unterschiedlicher Weise – mit der weiblichen Subjektwerdung und mit der ihr zugrundeliegenden wichtigen frühen Mutter-Tochter-Interaktion. Ich beschränke mich auf zwei Beispiele, nämlich auf Chodorow und Benjamin, die in weiten Kreisen Anerkennung gefunden haben und nach wie vor als Basislektüre in psychoanalytischen Lesegruppen dienen.

3.4. Nancy Chodorows »Frauen muttern«

Chodorows »Erbe der Mütter« (1985) ist aus verschiedenen Gründen eine Analyse wert. 1978, also vor 22 Jahren in den USA erschienen, ist dieses Buch periodisch ein Bestseller und wird wieder häufiger zitiert, z.T. auch als Grundlage für feministisch-psychoanalytische Denkanstöße benutzt. Die Kernfrage des Buches lautet: Welche Folgen hat es für Frauen und Männer, daß die erste Liebesbeziehung eines jeden Menschen jene zu einer Frau, der Mutter, ist? Eine brisante Frage.

Nancy Chodorow ist Soziologieprofessorin, inzwischen auch Psychoanalytikerin, die zu ihrer Theorie der Reproduktion der Mütterlichkeit psychoanalytische Konzepte hinzuzieht. Denn, die »psychoanalytische Theorie« bietet ihr, wie sie sagt, ein besseres Erklärungsmodell an (1985: 16) als biologische und rollentheoretische Erklärungen der Mütterlichkeit. Sie verwendet die psychoanalytische Objektbeziehungstheorie, mit welcher sie eine Erklärung für die Reproduktion von Geschlecht und der Organisation der Familie sucht. Ihre Anliegen sind nach mehr als 20 Jahren noch immer aktuell:

[...] Frauen muttern weiterhin. Die meisten Menschen heiraten noch immer. Auf dem Arbeitssektor werden Frauen diskriminiert, in der Familie unterbewertet. Die körperliche Gewalt gegen sie nimmt nicht ab. Wir leben nach wie vor in einer männlich dominierten Gesellschaft, obwohl die legalen Grundlagen für diese männliche Dominanz langsam schwinden (ebd.: 14).

Sie will aufzeigen, »[...] daß in unserer heutigen Zeit die Mütterlichkeit durch soziale, strukturelle Merkmale der Gesellschaft ausgelöst und durch psychologische Prozesse reproduziert wird« (ebd.: 15). Sie bezieht sich auf den psychoanalytischen Ansatz, um die weibliche und männliche Persönlichkeitsentwicklung zu erklären, und möchte dadurch aufzeigen, wie Mütterlichkeit sich selbst immer wieder zyklisch reproduziert. Denn Frauen produzieren Töchter, wie sie sagt, die wiederum mütterliche Fähigkeiten und Bedürfnisse, den Wunsch nach einem Kind haben. Diese Fähigkeiten und Bedürfnisse entstünden in und aus dem Mutter-Tochter-Verhältnis. Und eben diese Tatsache wird von Chodorow psychoanalytisch untermauert. Soviel zur Absicht des Buches.

Das Buch ist in drei Teile gegliedert, wovon der erste Teil die Mütterlichkeit und die soziale Organisation der Geschlechter untersucht: Das wäre der soziologische Teil. Der zweite Teil beinhaltet psychoanalytische Konzepte, mit denen sie die Individualgenese der Familie reinterpretiert. Der dritte Teil ist eine sozio-psychoanalytische Synthese des ersten und zweiten Teils.

Die gesellschaftlich-patriarchalen Strukturen, welche das Muttern reproduzieren, sind ihrer differenzierten soziologischen Analyse zu entnehmen, auf welche ich hier nicht näher eingehen will. Hingegen bleibt die Frage offen, wo denn genau Veränderungen möglich wären. In ihrem Text wird das nicht erwähnt. Zu vermuten ist, daß sie deswegen psychoanalytische Kozepte hinzuzieht und diskutiert. Deshalb ist der zweite Teil mit dem Obertitel »Die psychoanalytische Geschichte« von Interesse, in welchem sie jene psychoanalytischen Erkenntnisse heranzieht, die für ihre These relevant sind, bzw. zu ihrer These passen. Dabei geht es unter anderem um die präödipalen und ödipalen Konfigurationen, die sie geschlechtsspezifisch diskutiert.

Die wichtigste Figur in der frühkindlichen Entwicklung ist die Mutter. Aus dieser Primärbeziehung leitet Chodorow die gesamte Psychodynamik des Geschlechterarrangements ab. Sich streng auf die Objektbeziehungstheorien stützend, formuliert sie die frühkindliche Entwicklung in bezug auf die Mutter und den nicht vorhandenen Vater.

Dies ist der Ausgangspunkt meiner Kritik. Einige Passagen, in welchen Chodorow die psychoanalytische Theorie sozusagen umfunktioniert, sollen dies verdeutlichen.

Sie bezieht sich auf Freuds Umformulierungen in seinen späten Arbeiten zur Weiblichkeit von 1931 und 1933, in welchen er der präödipalen Phase des Mädchens in Beziehung zur Mutter ein neues Gewicht beimißt. Darin sagt Freud, kurz formuliert, daß die präödipale Zuneigung zur Mutter über alle drei psychosexuellen Phasen – orale, anale und phallische – bis weit ins vierte oder fünfte Lebensjahr beibehalten wird, daß diese Zuneigung von dramatischer Intensität sei, und schließlich, daß die starke Gefühlsbeziehung zum Vater Folge der starken leidenschaftlichen Zuwendung zur Mutter sei. Hier drückt Freud den sexuellen triebhaften Charakter dieser frühen Mutter-Tochter-Beziehung nicht explizit aus, aber implizit ist das Sexuelle darin enthalten. In Chodorows Text ist an keiner Stelle die libidinöse Qualität der Beziehung zwischen Mutter und Tochter enthalten, obwohl die Kernfrage doch die erste Liebesbeziehung des Mädchens zur Mutter betrifft. Zu Freud sagt Chodorow folgendes: »Er entdeckt also, allgemeiner ausgedrückt, daß die präödipale Liebe zur Mutter einen wesentlichen Einfluß sowohl auf die spätere ödipale Zuneigung zum Vater als auch auf die späteren Beziehungen zu Männern allgemein hat« (ebd.: 127).

Sie kritisiert zu Recht an Freud, daß er nicht erklärt, weshalb die frühe Zuneigung zur Mutter die Zuneigung zum Vater und später zu Männern, fast zwangsläufig, beeinflussen muß. Dann fährt sie mit ihrer eigenen Argumentation fort und erklärt, daß die Qualität und die lange Dauer der präödipalen Phase aus der Mütterlichkeit der Frauen entsteht und speziell auch aus der Tatsache, daß Mutter und Tochter gleichgeschlechtlich sind. Den Unterschied vom Mädchen zum Knaben sieht sie darin, daß die Zuneigung des Mädchens zur Mutter nicht sexualisiert und daß diese Bindung durch weibliche Themen bestimmt ist. Dadurch werde dieser Beziehung ihre Exklusivität verliehen, die geprägt ist durch Intensität, Ambivalenz und unsichere Grenzen (ebd.: 128). Weil das Mädchen von der Mutter nicht als »etwas ganz anderes«, wie der Knabe, angeschaut wird, entsteht keine Erotik zwischen Mutter und Tochter.

Warum aber muß zwischen Mutter und Tochter Erotik oder erotische Sinnlichkeit ausgeschlossen bleiben? Ich vermute, daß hier das homosexuelle Tabu zum Tragen kommt, auf welches Eva Poluda-Korte (1993) hinweist und das bei Chodorow, wie bei vielen anderen Autorinnen auch, unbewußt bleibt. Zwar zitiert Chodorow an manchen Stellen Autorinnen, welche über präödipal lesbische Mädchen schreiben, die in Konfrontation mit der heterosexuellen Mutter eindeutig zu kurz kommen und deshalb keine Chance haben, eine eigenständige Weiblichkeit zu entwickeln. Sie nimmt diesen Argumentationsstrang aber nicht auf, im Gegensatz zu Eva Poluda-Korte, die ihn weiterentwickelt.

Meiner Meinung nach ist das auch nicht möglich, wenn das Familienkonzept die klassisch-bürgerliche Variante bleibt, in welcher Frauen muttern und sonst keine Bedürfnisse haben. Dieses klassische Familienmodell wurde dem Leben und der Realität der Mütter auch schon vor 20 Jahren nicht gerecht, bei Erscheinen des Buches. Wenn Chodorow sich auf orthodoxe Analytikerinnen und Analytiker beruft und den Objektwechsel des Mädchens als »teilweise Erweiterung angeborener sexueller Triebe« und »teilweise eine Reaktion auf das Verhalten und die Gefühle des heterosexuellen Vaters und seiner Beschäftigung mit der (Hetero)sexualität des Mädchens« (1985: 164) versteht, dann sind neue Varianten von Weiblichkeitsentwicklung schwer denkbar. Das homosexuelle Tabu muß bestehen bleiben. Auch die Bemerkung der »angeborenen sexuellen Triebe« läßt aufhorchen. Schleicht sich hier unbewußt, und sicher ungewollt, eine biologistische Sichtweise ein?

»Wir müssen Freuds Exzessen entgegentreten« (ebd.: 185), sagt Chodorow und legt in einem Kapitel dar, weshalb die Psychoanalyse an manchen Stellen eine Ideologie sei, bei welcher die Beweise fehlen. Trotzdem nimmt sie eben diese Ideologie als Basis ihrer Theorie. Denn für sie ist die Beteiligung der Eltern am Ödipuskomplex die »endgültige Basis« für ihre eigene »Neuformulierung der Theorie«. In *ihrer* Theorie rücken die *Eltern* ins Blickfeld der ödipalen

Entwicklung ihrer Kinder. Und »Eltern« bedeutet: die Mutter als Hausfrau, die muttert, und der abwesende Vater, der außer Haus seiner Arbeit nachgeht. Diese Konstellation sei es, die sich zwangsläufig perpetuiere respektive reproduziere. Einen Ausweg sieht sie darin, daß die Eltern sich die Aufgaben teilen, um einerseits das patriarchale System zu brechen und andererseits den Kindern neue Identifikationsmöglichkeiten zu bieten. Man muß sich definitiv von der Triebtheorie verabschieden, um zu solchen Schlußfolgerungen zu kommen.

Für Chodorow zeigt Freuds Ödipus nur die Wünsche und Ängste des Kindes im Verhältnis zu den Eltern, nicht aber, wie sich die Eltern dem Kinde gegenüber verhalten. Objektbeziehungen sind für Chodorow interfamiliäre Beziehungsmuster, eine für den Feminismus sehr wichtige These. Die geschlechtsspezifischen Unterschiede in der Mutter-Kind-Beziehung zeigen sich gemäß Chodorow so: Für Mädchen ist die Ablösung von der Mutter schwierig, weil die *Mütter* die Mädchen als sich ähnlich betrachten, für Knaben ist dies leichter, weil die *Mütter* diese als von sich »verschieden« erleben. Das heißt, daß Mädchen sich deswegen als Mädchen fühlen, weil »ihre Eltern nicht daran gezweifelt haben, daß sie Mädchen sind« (Stoller, 1968: 48). Die Freudsche Annahme, daß die sexuelle Identität sich eher über die libidinösen Wünsche und Phantasien konstituiert und weniger von Eltern und Umgebung geprägt ist, wird von ihr verworfen. So gesehen kann man sagen, daß eine soziologische Sichtweise über den Entstehungsprozeß von Männlichkeit und Weiblichkeit Oberhand gewinnt.

Zusammengefaßt ist in Chodorows Entwurf die präödipale Mutter-Tochter-Beziehung zentral. Die libidinösen Wünsche und Phantasien des Mädchens, welche mit denjenigen der Mutter in Wechselwirkung stehen, werden jedoch nicht untersucht. Das heißt, die triebhafte Dynamik zwischen den beiden ist kein Thema, stattdessen werden Erklärungsmöglichkeiten für die Angst und die Haßgefühle des Mädchens auf die Mutter gesucht, und diese finden sich als Folge der Arbeitsteilung, der getrennten Welten der Eltern. Sie sagt: »Das Muttern der Frauen (und damit das weibliche Schicksal? AK) ist *die* Ursache der männlichen Dominanz.« Ginge es nach

Chodorow, so könnte die männliche Dominanz gebrochen werden, wenn Männer zu Müttern würden und sich damit die Angst vor der mütterlichen Allmacht erübrigen würde.

Soviel zu Nancy Chodorow. Jessica Benjamin nahm Chodorows Konzeption der Reproduktion von Mütterlichkeit auf und entwickelte diese weiter zum eigenen Konzept des *Intersubjektiven Raumes*, eines der Elemente der postmodernen Bewegung, wie Paniagua (1999: 960) anführt.

3.5. Jessica Benjamins »Intersubjektiver Raum«

Als Einstieg ein Zitat von Benjamin:

> Themen der Sexualität stellen nämlich nachweislich den Kernbereich der Psychoanalyse dar. Die Psychoanalyse eingehender feministischer Prüfung zu unterziehen bedeutet, eine fundamentale Kritik psychoanalytischen Denkens (1995: 7).

Worin liegt nun diese fundamentale Kritik? Einer von Benjamins wichtigsten Begriffen ist die »Intersubjektivität«, die sich im intersubjektiven Raum abspielt, also die Beziehung zwischen zwei Menschen oder eben: zwei Subjekten.

Von der Frankfurter Schule her kommend, Benjamin war Adorno-Schülerin, beschäftigte sie von Anfang an das Problem der Herrschaft, d.h. die Struktur der Herrschaft zwischen Mutter und Kind, die später zur Herrschaftsstruktur zwischen Mann und Frau wird, wobei sie dann Männlichkeit und Weiblichkeit mit den Positionen Herr und Knecht verbindet und daraus den weiblichen Masochismus (oder: die Unterwerfungsbereitschaft) ableiten kann. Dies erläutert sie in ihrer ersten Arbeit mit dem Titel »Zur Bedeutung der Unterwerfung in erotischen Beziehungen« (1985), in welcher sie meines Wissens erstmalig psychoanalytische Konzepte einbezog, die dann zu ihrem bekannten Buch »Die Fesseln der Liebe« führten, dem weitere Arbeiten folgten.

Wie ist nun der Intersubjektivitätsbegriff zu verstehen, der seit

1985 Bestandteil aller ihrer Arbeiten ist? Benjamin geht von der »gegenseitigen Anerkennung« aus, welche für die frühesten Erfahrungen immer wichtiger sei. Die Forschung, hier bezieht sie sich auf Daniel Stern und Joseph D. Lichtenberg, beweise, daß der Säugling aktiv an der Interaktion mitwirke, wohingegen die Psychoanalyse den Säugling als »autistisches Geschöpf« betrachte, das dem oralen Trieb unterworfen sei, also physiologisch von der Mutter abhängig. Die Mutter erscheine in dieser Sichtweise nur als Objekt der Bedürfnisse des Säuglings und nicht als eigenständiges Wesen (1990: 9). Weiter führt Benjamin aus, daß die Bereitschaft zu Sozialkontakten primär und nicht sekundär sei, wie schon in den 50er Jahren Bowlby betonte. Durch die Objektbeziehungstheorie würde die Psychoanalyse auf eine neue Grundprämisse gestellt, nämlich, daß wir vor allem soziale Wesen seien (ebd.: 20). Deswegen, so Benjamin, mußte Freuds Vorstellung vom »Menschen als einem monadischen Energiesystem« (ebd.: 21) revidiert werden zugunsten der Vorstellung von einem aktiven Selbst, das auf andere angewiesen ist.

> Dieses neue Verständnis des Selbst entwickelte sich nicht nur in der Kindheitsforschung. Sondern auch in den Sprechzimmern der Analytiker, die den Schrei des Säuglings aus der Stimme des Erwachsenen heraushörten. Die Qualen der Menschen, die sich tot und leer fühlten, die keine Verbindung mehr mit sich selbst und mit andern hatten, warfen die Frage auf: was bewirkt, daß ein Mensch sich lebendig und authentisch fühlt? (ebd.: 22).

Damit ist gesagt: Es geht um Störungen im Selbstgefühl, um das Gefühl schmerzlicher Einsamkeit und Leere, und nicht mehr um Neurosen, ödipale Konflikte und sexuelle Unterdrückung, also Triebkonflikte, womit wir bei der Selbstpsychologie von Kohut angelangt sind, der für Benjamin ein wichtiger Referenzautor ist. Zwar betont Benjamin, daß es ihr nicht um die Verurteilung triebtheoretischer Prämissen gehe. Sie sagt aber:

> Freuds Auffassung vom Konflikt zwischen Trieb und Kultur, beide mit ihren spezifischen Risiken und Vorzügen behaftet, hat das soziale Denken in eine Sackgasse geführt. Die Art, wie Freud das Problem der Herrschaft formuliert, läßt keinen Ausweg offen (ebd.: 8).

Sie plädiert für eine Befreiung des psychoanalytischen Denkens von der Triebtheorie. Denn so gelange man »[...] von der Beschäftigung mit einem an mangelnder Anerkennung leidenden Selbst und von der Vorstellung eines aktiven, zu sozialen Kontakten bereiten Säuglings, der mit andern Beziehungen aufnimmt, zum ›intersubjektiven Standpunkt‹«.[4]

»Die Vorstellung von der Übertragungsliebe als Ort des Kampfes zwischen Analytiker und Patient gegen die Triebe, in dem der Analytiker nur den idealisierten Wissenden und Mächtigen repräsentiert, erscheint antiquiert« (1993: 124). Und sie fragt sich, wie die neue Relevanz der Anerkennung in der intersubjektiven Beziehung der Analyse die Übertragungsliebe verändern könnte. Denn das Scheitern der wechselseitigen Anerkennung in der psychoanalytischen Situation bedeutet, daß die Übertragungsliebe niemals aufgelöst wird (ebd.: 123).

Umgekehrt kann man argumentieren, daß die analytische Subjekt-Subjekt-Beziehung, in welcher die Analytikerin auf der »gleichen Ebene« wie die Analysandin fungiert, den analytischen Prozeß ziemlich sicher eher behindert, da in diesem Setting Übertragungen und ihre Deutungen eingeschränkt sind. Die Möglichkeiten, infantile Ursprünge und Phantasien, sowie deren Folgen im Leben der AnalysandInnen zu eruieren, werden durch die Ideen der Intersubjektivitätstheorie zunichte gemacht.

Die intersubjektive Theorie forscht nach dem Geschehen zwischen dem Selbst und anderen, während der intrapsychische Standpunkt das Individuum als »abgegrenzte Entität mit einer komplizierten Innenstruktur« erfasse und das Gebiet des Unbewußten erforsche (1990: 23). Benjamin sagt dazu: »Diese Prozesse einer Dynamik des Unbewußten konnte Freud entdecken, weil er von den realen Beziehungen zu andern weitgehend absah und sich auf die individuelle Psyche beschränkte« (ebd.).

Hier wäre anzufügen, daß Benjamin zwar vorschlägt, intrapsychische und intersubjektive Theorie als Wechselspiel zu betrachten, aber trotzdem nur den Dimensionen der Intersubjektivität nachgeht.

---

4 Beizufügen wäre, daß die Vorläufer dieses Konzeptes sowie des damit verknüpften Anerkennungskonzeptes die Systemtheoretiker Bateson und Laing sind, die in den 60er Jahren die Anliegen der Relationstheorie schon vorwegnahmen.

Das ist vermutlich auch der Grund, warum ihre Konzeption so eindimensional wirkt, die dialektischen Prozesse außer acht lassend.

Intersubjektiv meint also die Beziehung zwischen zwei Subjekten, der Begriff Objekt wird kurzerhand ersetzt durch Subjekt. Die Intention, die dahinter steckt, gilt der Aufwertung der Frau im psychoanalytischen Denkgebäude, d.h., Benjamin versteht »Objekt« als die Frau degradierend, weswegen sie auf diese Weise der Frau zu ihrem Subjektstatus verhelfen will. Denn wie sie richtigerweise bemerkt, fehlt der Frau und Mutter in unseren Kulturen eigene Subjektivität, was dann, wie vorhin beschrieben, zum Herr-Knecht-Verhältnis führt, wenn die Frau im Objektstatus belassen wird! Ihre Maxime lautet denn auch: »Wo Objekte waren, sollen Subjekte sein« (1993: 40).

Die Frage also, wie die Frau zu ihrer Subjektivität gelangen kann, ist von zentraler Bedeutung, hier ist Benjamin zuzustimmen. Nur kann die Lösung nicht darin bestehen, den Objektbegriff durch den Subjektbegriff zu ersetzen, da damit die »Imago«-Bedeutung, die im Objektbegriff enthalten ist, verschwindet, was ganz eindeutig eine Abkehr von den Trieben beinhaltet. Denn der Objektbegriff ist im Zusammenhang mit dem Trieb wichtig. Freud sagt dazu:

> Das Objekt des Triebes ist dasjenige, an welchem oder durch welches der Trieb sein Ziel erreichen kann. Es ist das Variabelste am Triebe, nicht ursprünglich mit ihm verknüpft, sondern ihm nur infolge seiner Eignung zur Ermöglichung der Befriedigung zugeordnet (1915: 215).

D.h., das Objekt kann eine Person sein, aber auch ein Partialobjekt, es kann ein reales, aber ebenso ein phantasiertes Objekt sein. Die Imago-Bedeutung, von der vorhin die Rede war, wird als »unbewußte Vorstellung« definiert (Laplanche/Pontalis, 1972: 229), die sich in Gefühlen, Verhaltensweisen und Bildern dem Objekt gegenüber zeigen, welche *nicht* der Realität entsprechen. Laplanche und Pontalis geben folgende Definition zur »Imago«:

> Unbewußtes Vorbild von Personen, das elektiv die Art und Weise bestimmt, wie das Subjekt den andern erfaßt; es wird von den ersten intersubjektiven realen und phantasierten Beziehungen an gebildet, die sich in der familiären Umgebung herstellen (ebd.)

So können fordernde autoritäre Eltern-Imagines durchaus mit detachierten, d.h. von persönlicher Anteilnahme losgelösten, Eltern übereinstimmen, oder auch umgekehrt. Wenn aber der Begriff »Objektbeziehung« irrtümlicherweise auf die Ebene von *realen* Beziehungen mit der Umgebung gelangt, dann wird die Ebene der unbewußten Phantasien verlassen, und damit auch die Triebebene.

In ähnlicher Weise wie Chodorow sieht Benjamin die Reproduktion der Mutter-Kind-Situation: als Folge von Unterdrückung kann die Mutter dem Kind gegenüber nicht als eigenständiges Subjekt begegnen. Diesen kulturell verankerten Subjektmangel der Frau sieht Benjamin im mangelnden sexuellen Begehren der Frau, eigentlich eine ganz freudianische Sichtweise. Und der Kreis meiner Auseinandersetzung schließt sich: Eine entsexualisierte Mutter kann dem Kind nicht als Subjekt begegnen. Um zum Subjekt zu werden, bedarf es der gegenseitigen Anerkennung, woraus das »Anerkennungskonzept« entstanden ist und daraus die »relationale Psychoanalyse«.

3.6. Die Verbindung der Psychoanalyse mit dem Differenzdiskurs

Aus dem Anerkennungskonzept, d.h. in Benjamins Worten, daß »[...] zwei voneinander verschiedene Subjektivitäten interagieren (müssen), damit eine erkannt werden kann« (1995: 9), ist eine Art breit wirksamer Paradigmenwechsel entstanden, wie Benjamin betont. Dieser wird als »relationales Paradigma« bezeichnet, welches von der »relationalen Psychoanalyse« entwickelt wurde, ein Zusammenschluß von New Yorker PsychoanalytikerInnen, der seit einigen Jahren besteht. Die »relationale Auffassung«, so Benjamin, verstehe die psychoanalytische Situation als Zwei-Personen-Situation oder als Subjekt-Subjekt-Beziehung (1995). Die dadurch entstehende Eliminierung des Objektbegriffes habe ich vorhin erwähnt.

Dieser relationale New Yorker Flügel, wie sich die Vereinigung nennt, befaßt sich immer mehr auch mit poststrukturalistischer feministischer Kritik. Unter ihnen befinden sich z.B. Judith Butler, Nancy Chodorow, Muriel Dimen, Virginia Goldner und einige andere. Für Benjamin ist die Einbeziehung poststrukturalistisch-feministischer Kritik eine logische Folge der relationalen Auffassung resp. des Anerkennungskonzeptes.

Denn die zentrale Frage des New Yorker AnalytikerInnen-Kreises bezüglich sexueller Differenz und Psychoanalyse sei nicht, so betont Benjamin, was Männlichkeit und Weiblichkeit sei, sondern wie man über Männlichkeit und Weiblichkeit sprechen könne,»wenn man sie nicht mehr als essentialistische Invarianten versteht« (1995:10). Es geht ihr also um die Idee, daß Mutter und Vater sich grundsätzlich vertreten und auch ersetzen können, wie dies auch Chodorow in ihrem Entwurf formuliert. Denn beide tragen grundsätzlich beide Pole von Freiheit und Abhängigkeit in sich, die sie zu gestalten wissen. In einem derartig harmonischen familiären Zusammenleben werden triebmäßige Erotik oder sexuelle Konflikte keinen Raum mehr haben.

Schlußfolgernd kann ich sagen, daß mir an manchen Weiblichkeitskonzepten, nicht nur Chodorows und Benjamins, zwei Dinge auffallen:

Einerseits wird die Psychoanalyse »als eine Wissenschaft« verstanden,»die definitive Antworten zu geben hat und eine Methode mit definitiven Regeln sowie eine eigene Technik mit konkreten Handlungsanweisungen besitzt« (Benjamin, 1995: 8; auch Rohde-Dachser, 1991: 56; u.a.m.). Daraus folgt der andere Punkt: Oft werden an jenen Stellen, an welchen in der psychoanalytischen Theorie das Ambivalente, Konflikthafte, Triebhafte, Unbestimmbare, das eigentlich *nicht* Lösbare erscheint, neue Konzeptionen entworfen, die vielleicht doch nicht halten können, was sie versprechen. Denn es reicht nicht, das Objekt durch ein Subjekt zu ersetzen (Benjamin) oder die Rollenverteilung im Alltag neu zu organisieren, um dem »Muttern« mit all seinen Konsequenzen für die weibliche Entwicklung entgegentreten zu können (Chodorow).

Die Verbindung der Psychoanalyse mit dem Differenzdiskurs hat die Auseinandersetzung mit der Homosexualität und dem Homosexualitätstabu wieder neu entfacht, um nicht zu sagen, wieder in Mode gebracht. Das Problem liegt aber nach wie vor darin, daß, obwohl die Sexualität Thema ist, die Mutter-Tochter-Beziehung weiterhin eine entsexualisierte bleibt.

4. Das Sexuelle und der mütterliche Körper

An der Frauenbrust treffen sich Liebe und Hunger (Freud, 1900: 211).

Jean Laplanches Konzeption über die Mutter als Urverführerin, die er in seiner »allgemeinen Verführungstheorie« darlegt, eröffnen eine andere, im Gegensatz zu Freud, neue Dimension des triebhaften Geschehens zwischen Mutter und Kind. Seine Ausführungen betreffen die Interaktion zwischen Mutter und Kind, sie spezifizieren nicht zwischen Jungen und Mädchen. Trotzdem bieten sich seine Gedankengänge als Grundlage für das Verständnis von geschlechtsspezifischen Transformationen an.

4.1. Laplanches Triebverständnis

Laplanches Konzept einer allgemeinen Verführungstheorie, an welcher er seit 1964 arbeitet, meint nicht die Wiederaufnahme oder die Wiederbelebung der Freudschen Verführungstheorie, noch eine Revision derselben, etwa im Sinne von J. Masson oder A. Miller. Vielmehr stellt es eine Aufdeckung und Weiterentwicklung von nicht bearbeiteten oder verdeckten Elementen der ursprünglich von Freud entworfenen Verführungstheorie dar.

> Es geht darum, die tiefen Gründe des Verdeckens aufzuzeigen und darauf hinzuweisen, wie es überwunden werden kann und wie von neuem, aber dieses Mal radikal, das gegründet werden kann, was Freud schon weitgehend entworfen hatte, bevor er es ausgelöscht hat (Laplanche, 1988: 199).

Zwar teilt Laplanche seine Kritik am Biologismus Freuds mit Lacan und anderen Autoren in Frankreich; während Lacan sich jedoch der strukturalistischen Linguistik zuwandte, suchte Laplanche die Lösungen für die Probleme, welche zur Verwerfung der Verführungstheorie und zur »zweiten Geburtsstunde der Psychoanalyse« (Lorenzer, 1984: 212) führten, in den Freud-Texten selbst.

Es geht um die Neufassung der Triebtheorie und demzufolge auch um eine Kritik an Freuds Biologismus, durch welchen Unbewußtes und Sexualität als von Beginn an vorhanden postuliert wurde. Nach Laplanche sind Unbewußtes und Sexualität die Folge von frühen Interaktionsweisen zwischen Mutter und Kind, was er in seinem Konzept der Mutter als Urverführerin erklärt. Anzumerken ist, daß eine Differenzierung zwischen dem Sexuellen und der Sexualität als Begriffe in Laplanches Texten oft schwer fällt. Er versteht Sexualität meist im Sinne des Triebhaften und nicht als sekundäre Organisation des Sexuellen, wie etwa Morgenthaler.

Seine Kritik wendet sich aber auch gegen Lacan (Laplanche 1988) und dessen Strukturalismus, der nicht mit der Psychoanalyse zu vereinen sei.[1] So sei zum Beispiel Lacans Formel »Das Unbewußte ist strukturiert wie eine Sprache« nicht vereinbar mit den Funktionsweisen des Unbewußten wie »Abwesenheit der Verneinung, gleichzeitiges Vorhandensein der Gegensätze, Abwesenheit des Urteils, kein ›Zurückhalten‹ oder keine Beständigkeit der Besetzungen« (ebd.: 42), da dieses eben gerade *keine* Struktur habe. So sagt Laplanche:

> Schließlich wäre meine Formel über das Unbewußte eher: »Das Unbewußte ist Wie-eine-Sprache, aber nicht strukturiert« (ebd.: 42).

Das Thema der »allgemeinen Verführungstheorie« ist also die Entstehung des Unbewußten und der Sexualität. Dabei modifiziert Laplanche die ursprüngliche Freudsche Verführungstheorie und fügt psychoanalytische Theoreme ein, die erst später entworfen wurden. Die Methodik, die er dabei anwendet und die er in seiner Arbeit »Mit Freud deuten« (1988: 9–34) darlegt, ist die Psychoanalyse selbst.

Wenn die tägliche Arbeit des Psychoanalytikers im Deuten besteht, dann muß die Grundregel der Kur auch auf Freuds Texte zu übertragen sein: Die »*Regel der freien Assoziationen* für den Analysierten

---

[1] Zu Beginn der 60er Jahre führten diese Divergenzen denn auch zum Bruch und zur Gründung der »Société Psychanalytique de Paris« (1962) und bei Lacan zur »École Freudienne de Paris« (1964).

und die *Regel der gleichschwebenden Aufmerksamkeit* für den Analytiker bilden eine methodologische Ganzheit« (ebd.: 15). Die Grundregel beinhaltet die Absicht oder das Gebot, alles, was gesagt wird, *gleich* zu behandeln. Keine Einzelheit darf z.B. privilegiert betrachtet, d.h. aus dem Assoziationsfluß herausdestilliert werden. Das gilt für den Analysanden in gleichem Maße wie für den Analytiker. Und so sei es für das Schamgefühl oder das sittliche Bewußtsein unerhört, sich an die Regel halten zu müssen, nichts im Verlaufe der Sitzung auszulassen und jeden Gedanken gleich zu behandeln, meint Laplanche (ebd.: 16); und nur die Nachprüfung und Validierung im Verlaufe einer Analyse würden uns zwingen, die Paradoxa dieser Regel anzuerkennen und mit ihr zu arbeiten.

> So können z.B. zu den Elementen des Traumes, und ohne daß ihnen irgend etwas einen privilegierten Wert verliehe, der Eindruck, den er bei mir erzeugt hat (Traurigkeit? Schreck?), oder mein Urteil gehören, das ich über ihn »aus einem Abstand« zu fällen glaube (ebd.).

Die Irritationen oder Gegenübertragungsgefühle führen vom manifesten zum latenten Inhalt oder Gedanken, der wiederum das Gegenteil oder die Absurdität des manifesten Teils zum Inhalt haben kann. Für Laplanche würde somit Deuten in der Psychoanalyse (und im Text) bedeuten, daß zuallererst die Organisation des manifesten »Textes« auf radikale Art demontiert werden müßte, um zu einem sich abzeichnenden latenten Inhalt zu gelangen, der sich in keiner Weise mit dem manifesten Text decken müsse.

Was in der psychoanalytischen Praxis bekannt ist, läßt sich auch auf der Ebene des Werks von Freud wiederfinden. So betont Laplanche, daß das Freudsche Denken selbst den Phänomenen der Verdrängung, der Wiederkehr des Verdrängten, der Wiederholung, der sekundären Bearbeitung usw. unterliege. Wenn man dem Anspruch psychoanalytischen Denkens folgt, dann können die unkenntlich gewordenen Entdeckungen in der Freudschen Theorie herausgearbeitet und freigelegt werden. Dies tut er selbst mit der Triebtheorie, welche in Wechselwirkung mit der Verführungstheorie steht.

So gibt es für Laplanche nicht den Selbsterhaltungs- versus den

Sexualtrieb, wie Freud dies in seiner ersten Triebtheorie formuliert, sondern allein die Sexualität[2] wird von ihm als Trieb bezeichnet, und dies aus folgenden Gründen: Die Selbsterhaltung sei beim Menschen wie bei allen andern Lebewesen vorrangig. Die Selbsterhaltungsfunktionen werden als biologische und biopsychologische Funktionen verstanden, welche der Aufrechterhaltung des Organismus dienen, sie werden nicht als Trieb begriffen. Nur die Sexualität wird als Trieb bezeichnet, und zwar deswegen, weil der Sexualtrieb nicht auf ein »Objekt« angewiesen ist – wir erinnern uns: das Objekt ist das Variabelste am Trieb –, dieses also abwesend oder phantasiert sein kann, während die Selbsterhaltung ohne das real vorhandene Objekt nicht auskommt. Ebenso unterscheiden sich nach Laplanche der Sexualtrieb und der Selbsterhaltungstrieb in den Zielen: Beim Sexualtrieb ist das Ziel die Entladung, bei der Selbsterhaltung ist es die Suche nach der Homöostase. Diese Unterscheidungen sind für Laplanche deshalb von großer Wichtigkeit, weil es ihm darum geht, die Psychoanalyse von der allgemeinen Entwicklungspsychologie zu unterscheiden, das heißt auch immer wieder, das herausragende Moment der Psychoanalyse zu bezeichnen, das im Sexuellen liegt:

> Eine adäquate Auffassung der Eigenart der Psychoanalyse, also des Verhältnisses ihres ureigensten Gegenstandes zu demjenigen der allgemeinen Psychologie und der Frühgeschichte der menschlichen Entwicklung wird schwer beeinträchtigt, wenn man es unterläßt, den Bereich der Sexualität begrifflich konsequent von demjenigen der ersten psychophysiologischen Anpassungsmechanismen zu unterscheiden, von jenem Bereich also, den Freud ursprünglich als Selbsterhaltung bezeichnet hatte, bevor er selbst diesen Begriff in seinem Denken fallen ließ (Laplanche 1994: 81 ff., Übersetzung von Peter Passett).

Die Psychoanalyse kann nicht als Erklärung für jegliche Entwicklung wie etwa Wahrnehmung, Denken, Motorik usw. herangezogen werden, sonst entsteht eine Rückkehr zum Pan-Psychoanalytismus.[3] Für entwicklungspsychologische Vorgänge hat die Psychoanalyse keine Erklärungen, das ist auch nicht ihr Gebiet. Was sie aber kann, ist Zustände und Stadien sowie im speziellen die Genese der Sexualität und des Unbewußten beschreiben, nicht jedoch die entwicklungspsychologischen Umweltbezüge des Kindes (ebd.: 84).

---

2 Womit hier nicht die sekundäre Organisation des Sexuellen gemeint ist, sondern das Sexuelle selbst.

3 Ebd.: 84. »*N'y aurait-il pas là un retour du panpsychanalytisme?*« (Hervorhebung im Original)

Die zentrale Frage ist die des Ursprungs der Sexualität bzw. des Sexuellen, des Triebhaften. Die biologische Begründung, daß das Neugeborene mit sexuellen Anlagen zur Welt gekommen sei, macht zwar den Zusammenhang zwischen einem psychischen Konflikt und den Ursprüngen der Sexualität plausibel, sagt Laplanche, aber es fehlen psychoanalytische Termini zu dessen Erklärung (Laplanche, 1989: 73 ff.). Die fehlenden Worte machen in der Folge das Analysieren schwierig. Eine weitere Kritik von Laplanche richtet sich gegen die unaufmerksame Rezeption der Freud-Texte, in welchen Freud die biologische Annahme erst plazierte, nachdem er an einer Erklärung der Evolution[4] der Umweltbezüge des Kindes gescheitert war. Das heißt, erst *nach* der Verführungs- oder Traumatheorie folgte die biologische These der Triebe. An diesem Punkt wird klar, warum Freuds Verführungstheorie die Universalität des Unbewußten und des psychischen Konfliktes nicht erklären kann, weswegen Freud von der Verführungstheorie zur Triebtheorie kam.

4.2. »Von der eingeschränkten zur allgemeinen Verführungstheorie«

Es lohnt sich, den assoziativen und z.T. hochkomplexen Gedankengängen von Laplanche zu folgen, um die Verknüpfung seiner allgemeinen Verführungstheorie (Laplanche, 1988: 199 ff.) mit seinem Triebkonzept zu verstehen. Denn darin liegt m. E. die Basis für ein Verständnis der Mutter-Tochter-Beziehung, in welcher die Mutter als sexuelles Wesen begriffen wird.

Der Titel von Laplanches Arbeit will auf die Schwachstellen von Freuds Verführungstheorie[5] hinweisen, die sich an jenen Stellen finden, wo die eingeschränkte Theorie Gefahr läuft, in einer »beschränkten Auffassung« (Laplanche, 1988: 210) blockiert zu werden. So sind nach Laplanche mehrere Schwachstellen auszuma-

---

4 Mit dem Begriff »évolution« sind Entwicklungsprozesse gemeint, welche traumatische Erfahrungen einbeziehen.
5 Siehe auch Kapitel 2.1.

chen, wovon die wichtigste das Wesen des Phänomens der Verführung ist, welches nicht näher untersucht, sondern auf die Perversion im Verhältnis zwischen Erwachsenen und dem Kind gelenkt wird (ebd.). Diese Pathologie des realen sexuellen Kindsmißbrauchs muß nach Laplanche neu eingeschätzt werden und zwar in bezug auf das,

> [...] was wir über die Irrwege der menschlichen Sexualität im allgemeinen, über die Unsicherheit und Austauschbarkeit ihrer Ziele, und über die Fremdheit und Unerreichbarkeit ihres »verlorenen« Objekts usw. wissen (ebd.: 203).

Die Kraft, welche er in der »eingeschränkten Verführungstheorie«, der Freudschen also, sieht, liegt vor allem in vier Punkten:

> 1. In der engen Verflechtung, die die Theorie mit den Fakten der analytischen Erfahrung verbindet; 2. In dem bereits rigorosen und nunmehr unüberwindbaren Einsatz jener drei Faktoren der analytischen Rationalität – die Zeitlichkeit der Nachträglichkeit, die subjektive Topik, die »übersetzerischen« und deutenden Verbindungen zwischen den Szenarien oder Szenen; 3. In der erläuternden Kraft des Modells, welches weitgehend übertragbar und auf das Gebiet der Psychopathologie ausdehnbar ist; 4. In der Fähigkeit des Modells, weiterentwickelt zu werden: das, was wir, so nebenbei, als »skizzenhafte Andeutungen« kommender Ausführungen bezeichnet haben (ebd.: 209/210).

In dieser Aussage ist der Punkt der zeitlichen, topischen und »übersetzerischen« Ebene von Bedeutung für Laplanches Weiterentwicklung seiner Theorie. Er beschreibt, was an der Freudschen Theorie für ihn wichtig ist. Der *zeitliche* Aspekt meint die Theorie der Nachträglichkeit, oder anders ausgedrückt: des Traumas in zwei Zeiten. Das heißt, in jener Zeit, als das Trauma zum ersten Mal geschah, wird das nicht vorbereitete Kind einer sexuell bedeutsamen, traumatischen Situation ausgesetzt, deren Bedeutung nicht assimiliert werden kann. Die Erinnerung an sich ist weder traumatisch noch pathogen. »Sie wird es nur durch ihre Wiederbelebung bei einer zweiten Szene, welche in assoziative Resonanz mit der ersten tritt« (ebd.). Die Erinnerung wirkt als »auto-(selbst)traumatische« Libido-Energiequelle, was bedeutet, daß sie als ursprüngliche Erinnerung nicht verarbeitet werden kann, sondern verdrängt wird.

Hier kommt die *topische* Ebene zum Tragen.[6] Und zwar entsteht in

---

6 Freud versucht mit dem topischen Modell ein räumlich vorgestelltes Bild vom ganzen psychischen Apparat wiederzugeben, in welchem das Instanzenmodell Ich-Es-Überich neben dem Modell Unbewußt-Vorbewußt-Bewußt existiert. Siehe S. Freud (1938): Abriß der Psychoanalyse.

zweifacher Weise eine Ausweglosigkeit für das Individuum: Entweder es kann sich nicht adäquat gegen den von außen kommenden Angriff verteidigen (ursprüngliches Trauma, »erste Zeit«, Zeit des Entsetzens), oder es hat zur zweiten Zeit zwar die Mittel dazu, ist aber insofern wehrlos, als es sich von innen her angegriffen fühlt. Das bedeutet, daß die Zeit des Entsetzens, in welcher die Bedeutung der sexuellen Handlung nicht assimiliert werden konnte, sich nun als innerer Angriff, dem das Individuum wehrlos ausgesetzt ist, bemerkbar macht. Das Geniale an diesen Gedanken Freuds liegt für Laplanche in der Wechselwirkung zwischen exogenen und endogenen Faktoren, die so schwer zu trennen sind, obwohl dies immer wieder versucht wird. Die exogenen sind hier die äußeren und die endogenen die inneren Angriffe und Bedrohungen, denen das Individuum sich nicht entziehen kann.

Erinnert sei an die Forderung der Psychoanalyse, sich an die Beschreibung der Genese der Sexualität und des Unbewußten zu halten, welche das Subjekt konstituiert.

Mit *übersetzerischer* Sprache ist das Umdeuten einer Szene von einem Entwicklungsstadium ins nächste gemeint, d.h., daß das Individuum das psychische Material den Entwicklungsphasen gemäß zu deuten oder zu übersetzen imstande ist.

> Das menschliche Wesen ist und bleibt ein sich selbst übersetzendes, sich selbst theoretisierendes Wesen (J. Laplanche, 1988: 228).

Verdrängung bedeutet somit, daß die Übersetzung nicht gelingt.

Laplanches Kritik an Freud bezieht sich auf den zeitlichen, topischen und übersetzerischen Aspekt der Verführungstheorie. Er sagt, daß diese Aspekte verstümmelt und verdrängt (ebd.: 216) werden. Der Nachträglichkeitsbegriff bleibt zwar wichtig, wird aber nicht konzeptualisiert. Und der »Übersetzungs«-Aspekt kommt schließlich fast vollständig zum Verschwinden.

> Was die topischen Aspekte der Theorie betrifft, so werden die Dinge, ihrerseits, gefährlich abdriften. Der Begriff des inneren Angriffs, ja sogar des inneren Fremdkörpers, wird niemals wirklich in Frage gestellt werden: Es ist die Phantasie, die, wie wir wissen, an die Stelle dieser letzten »psychischen Realität« tritt; aber auch hier wird unvermeidlich der Boden einer »objektiven« Realität gesucht: *Der Trieb wird, in letzter Instanz, biologischen Ursprungs sein*; was auch immer die Repräsentanz-Verhältnisse, welchen die Vermittlungsfunktion obliegt, sein mögen, die Bewegung geht in folgender Richtung: *somatische*

Erregungen – Trieb – Phantasie, während mitten in der Zeit der Verführungstheorie die Kausalreihe folgendermaßen aufgestellt war:

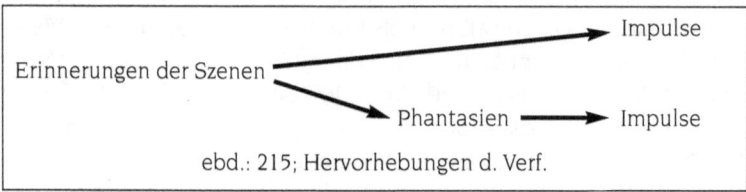

ebd.: 215; Hervorhebungen d. Verf.

Die Erweiterung der Freudschen Verführungstheorie durch Laplanche bedeutet primär: Der Vater tritt seine Stellung als Hauptperson der »infantilen« Verführung an die Mutter ab. Die sexuelle pathologische Verführung des Vaters macht der Verführung über die körperliche Pflege des Kindes durch die präödipale Mutter Platz. Für Laplanche bedeutet dies, daß die Verführung nicht aufgegeben wurde, sondern daß sie eine Vertiefung erhielt. Freud sagt dies mit klaren Worten:

> Hier aber berührt die Phantasie den Boden der Wirklichkeit, denn es war wirklich die Mutter, die bei den Verrichtungen der Körperpflege Lustempfindungen am Genitale hervorrufen, vielleicht sogar zuerst erwecken mußte (Freud, 1933: 129).

An diesem Punkt setzt Laplanches Kritik an Freud an: das »mußte« im Text würde eigentlich auf den zwangsläufigen Charakten der mütterlichen Tätigkeit hinweisen, aber Freud versäumt es, das *elterliche Unbewußte* einzuführen und diese frühzeitige Verführung in seine Theorie einzubauen (Laplanche, 1988: 217). Es ist nicht möglich, diese Tatsache von der Theorie zu trennen. Und deshalb ist die Wirksamkeit der *Urverführung* genau zu bestimmen, was Laplanche denn auch versucht.[7]

---

[7] Seine Haltung gegenüber dem analytischen Denken bezeichnet Laplanche als »jene, die darin besteht, sich von gewissen Angaben und Geistesblitzen des Werkes nach vorne schleudern zu lassen, auf die Gefahr hin, Freud selbst nach vorn zu ziehen.« Ebd.: Fußnote auf S.218.

4.3. Die drei Urphantasien: Urverführung, Urszene und Kastration als sexuelles Rätsel

Mit U*rverführung* wird also jene grundsätzliche und universale Situation bezeichnet, in welcher der Erwachsene verbale und averbale Signifikanten[8] oder Botschaften an das Kind heranträgt, die von unbewußten sexuellen Bedeutungen durchdrungen sind. So sagt Laplanche:

> Für das was ich *rätselhafte Signifikanten* nenne, muß man nicht lange nach konkreten Beispielen suchen. Was die Brust selbst betrifft, die augenscheinlich das natürliche Stillorgan ist, kann man weiterhin ihre bedeutende sexuelle und unbewußte Besetzung durch die Frau vernachlässigen? Kann man annehmen, daß diese »perverse« Besetzung nicht vom Säugling wahrgenommen oder geahnt wird, und zwar als Quelle jenes dunklen, zweifelnden Fragens: Was will sie von mir? (Laplanche, 1988: 224, Hervorhebung im Original).

Der unbewußten Sexualität der Erwachsenen in ihrer Beziehung zum Kind wird entscheidende Bedeutung beigemessen. »Denn das, was ein Wesen kennzeichnet, das ein Unbewußtes besitzt, ist nicht der Traum, sondern die Fehlleistung« (ebd.). Und es gibt keine Möglichkeit, diese aus der Interaktion mit dem Kinde fernzuhalten. Folglich ist das Kind permanent mit einem (sexuellen) Rätsel konfrontiert, das es nicht imstande ist auszulösen, da ihm die emotionellen und somatischen Möglichkeiten dazu fehlen.

Das nächste Rätsel ist für das Kind in der U*rszene* enthalten, welcher Laplanche in den Urphantasien einen besonderen Platz einräumt; er sagt:

> Die Koitusszene zwischen den Eltern *ist selbst eine Verführung* für das Kind, im Sinne der Ur-Verführung (ebd.: 224, Hervorhebung im Original).

Bilder würden an das Kind herangetragen, Trauma-verursachende Szenarien, die von ihm nicht assimiliert werden können, »da sie für die Handelnden selbst teilweise unverständlich sind« (ebd.). Und weiter sagt er:

> In demselben Bereich wirken auch die zwei großen Rätsel, die die theoretisierende Tätigkeit des Kindes auslösen und die von Freud hervorgehoben worden sind: die Ankunft eines anderen Kindes und der Unterschied zwischen den Geschlechtern. Auch hier voll-

---

8 Französisch: »signifiant«

zieht sich der Trauma-erzeugende Effekt über den Umweg der Unfähigkeit der Erwachsenen, *sich selbst* über die Rätsel klar zu werden (ebd.: 225, Hervorhebung im Original).

Fassen wir zusammen:

In der Urverführung werden von der Mutter rätselhafte Signifikanten an das Kind herangetragen, die von unbewußten sexuellen Bedeutungen geprägt sind, welche das Kind nicht imstande ist zu entschlüsseln. Die Brust ist das natürliche Stillorgan und *zugleich* bedeutungsvoll sexuell und unbewußt besetzt, was nicht zu vernachlässigen ist und vom Säugling wahrgenommen oder geahnt wird.

Die Urszene gehört zu den Urphantasien und trägt ebenfalls nichtdecodierbare Bilder an das Kind heran, mit denen es fertig werden muß. Und ebenso gestaltet sich dies in der *Kastrationsphantasie* mit den Fragen nach der Geburt eines Geschwisters sowie nach dem Unterschied der Geschlechter:

> In der Urszene wird der Ursprung des Individuums bildlich dargestellt; in der Verführungsszene ist es der Ursprung, das Auftauchen der Sexualität; in den Kastrationsphantasien ist es der Ursprung des Geschlechterunterschieds (Laplanche/Pontalis, 1992: 42).

Laplanche und Pontalis sprechen den Ursprungs- oder Urphantasien eine entscheidende konstitutive Rolle für die Subjektivität zu (ebd.: 39). In bestechender Art und Weise verknüpfen sie dann die Ursprungsphantasien (»fantasmes originaires«, »fantasmes des origines«) mit dem Ursprung der Phantasie (»origine du fantasme«), welcher nicht vom Ursprung des Triebes getrennt betrachtet werden könne. Der Ursprung des Triebes habe wiederum seinerseits seinen Ursprung im Autoerotismus. Nach Freud wird der Trieb erst dann autoerotisch, nachdem er sein Objekt verloren hat.

> Als die anfänglichste Sexualbefriedigung noch mit der Nahrungsaufnahme verbunden war, hatte der Sexualtrieb ein Sexualobjekt außerhalb des eigenen Körpers in der Mutterbrust. Es verlor es nur später, vielleicht gerade zur Zeit, als es dem Kinde möglich wurde, die Gesamtvorstellung der Person, welcher das ihm Befriedigung spendende Organ angehörte, zu bilden. Der Geschlechtstrieb wird dann in der Regel autoerotisch (Freud, 1905d: 123).

Dieser Begründung von Freud folgen die Autoren. Der objektlose Autoerotismus heiße nicht, daß er vor einer Objektbeziehung auftrete, sondern, daß er sich

> [...] von jedem natürlichen Objekt trennt, sich der Phantasie ausgeliefert sieht, mithin sich als Sexualität erschafft. Umgekehrt kann man ebensogut sagen, daß gerade der Einbruch der Phantasie diese Disjunktion von Sexualität und Bedürfnis hervorrufe (Laplanche/Pontalis, 1992: 56).

Mit diesen Aussagen gelangen wir zurück zur Freudschen Triebdefinition der psychischen Repräsentanz der Triebregungen und zur Morgenthalerschen Auffassung des Sexuellen[9] : Erst die Vorstellung in der Phantasie macht die Triebe sexuell, und so wird auch verständlich, daß Lust und Begierde nur über die Phantasien aufrechterhalten werden können.

Welche Rolle spielt nun die Mutter als Urverführerin dabei?

4.4. Die sexuelle Mutter

Würde man die Aussagen von Laplanche (Laplanche, 1988)[10] so verstehen, daß die Subjektkonstitution über die Phantasien erfolgt, welche wiederum durch die Triebe ausgelöst werden, dann wäre dies auch die Formulierung von Freud. Die Sache ist jedoch komplizierter, da Laplanche nicht nur einen innerlichen, körperlichen Reiz als phantasieauslösend sieht, sondern von zwei Voraussetzungen ausgeht.

> [...] einerseits die Vorbedingung eines der Homöostase und Selbsterhaltung verschriebenen Organismus; andererseits jene einer kulturellen Welt der Erwachsenen, in welche das Kind von Anfang an völlig eingetaucht ist (ebd.: 136).

Auf der einen Seite steht für das Kind die Selbsterhaltungsfunktion, welche für jedes Lebewesen vorrangig ist und der Aufrechterhaltung des Organismus in biologischem und biopsychologischem Sinne dient. Auf der anderen Seite steht die Sexualität. Hier betont Laplanche, daß die massive Abhängigkeit des kleinen Menschen vom Erwachsenen viel ausgeprägter sei als bei allen anderen Lebewesen und somit die frühzeitige Sexualisierung begünstige.

Der hungrige, saugende, Befriedigung suchende Säugling steht der

---
9 Vgl. Kapitel 1.3.
10 und auch J. Laplanche/ J.-B. Pontalis (1985) 1992

Welt der Erwachsenen gegenüber, einer »Welt der Kommunikation und der Bedeutungsabsicht, die allseitig die Auffassungs- und Beherrschungsfähigkeiten des Kindes übersteigt« (ebd.: 137). Das Neugeborene wird mit nicht-entzifferbaren Botschaften überflutet, welche Laplanche die »rätselhaften Signifikanten« nennt. Das heißt, daß

> [...] überall in der Welt der Erwachsenen unbewußte und sexuelle Sinngehalte einsickern, deren Kode *der Erwachsene selbst* nicht besitzt. Es geht andererseits darum, daß das Kind nicht die physiologische oder emotionale Reaktionsfähigkeit besitzt, die den an es gerichteten Botschaften entspricht; es geht also kurz darum, daß seine Mittel, einen Ersatzkode oder vorläufigen Kode zu bilden, grundlegend unangemessen sind (ebd.: 138, Hervorhebung im Original).

Die Verführung geschieht über die alltägliche mütterliche Pflege, über die mütterliche Brust, das Stillen. Hier kritisiert Laplanche, daß zwar der mütterlichen Brust übermässige Wichtigkeit in den psychoanalytischen Theorien zugeschrieben werde, das Sexuelle jedoch nirgends auftauche.

> Angesichts dieser blühenden Entfaltung der Brust, der guten oder der bösen, der sich hingebenden oder sich verweigernden, angesichts dieser Allgegenwärtigkeit unter den Psychoanalytikern, möchte ich die Abwesenheit der erogenen, der erotischen Brust innerhalb des analytischen Denkens hervorheben. Die Brust ist eine der wichtigsten erogenen Zonen der Frau, und als solche spielt sie unausweichlich eine Rolle in der Beziehung zum Kind. Was will denn diese Brust von mir, diese Brust, die mich nährt, aber auch erregt; die mich erregt, indem sie sich selbst erregt? Was möchte sie mir sagen, von dem sie selbst nichts weiß? (ebd.: 139).

Nach Freud entsteht der Sexualtrieb in Anlehnung an die Selbsterhaltungsfunktion (Freud, 1905d: 82), d.h., zwischen Sexualtrieben und Selbsterhaltungstrieben besteht am Anfang eine Beziehung, aus welcher die Sexualtriebe dann als unabhängige hervorgehen (ebd.: 123). Triebobjekt und Triebziel beginnen zu divergieren: Die Brust (Objekt) tritt anstelle der Milch; die Einverleibung[11] (Ziel) tritt anstelle der Ernährung.

Durch diese Verschiebung von Ziel und Objekt wird auch klar, daß

---

11 Definition aus Laplanche/Pontalis, 1972, im Vokabular der Psychoanalyse, S. 128: Einverleiben bedeutet dreierlei: »sich Lust verschaffen, indem man ein Objekt in sich eindringen läßt; dieses Objekt zerstören; sich die Qualitäten dieses Objekts aneignen, indem man es in sich aufbewahrt. Durch den zuletzt genannten Vorgang wird die Einverleibung zur Matrix der Introjektion und der Identifizierung.«

die Sexualität kein biologischer Trieb ist, der aus der Selbsterhaltung entsteht, sondern gemäß Laplanche über die Urverführung durch die Mutter bzw. die mütterliche Brust mit ihren nicht-decodierbaren unbewußten sexuellen Botschaften. Daraus können dann die autoerotischen Aktivitäten entstehen, die keines äußeren Objekts bedürfen. Die frühkindliche Masturbation ist als autoerotisches Verhalten zu bezeichnen, dessen Basis in der unbewußten sexuellen Übermittlung durch die Mutter bzw. durch die mütterliche Brust liegt.

Zusammenfassend kann man sagen, daß der Kernpunkt von Laplanches Entwurf im Konzept der »Sexuellen Mutter«, bzw. der mütterlichen Brust als Trägerin von sexuellen Botschaften, liegt, welche das Kind nicht entschlüsseln kann, die ihm aber über die Nahrungsaufnahme, das Stillen, zwangsläufig aufoktroyiert werden. Über diese rätselhaften sexuellen Botschaften, in der engen direkten Berührung mit dem mütterlichen Körper, beginnen sich jene Phantasien zu formen und zu gestalten, welche zur Subjektkonstitution führen.

Was geschieht aber, wenn die Mutter nicht stillen kann oder will, wenn die Brust in unserer »Fläschchenkultur« als direktes Teilobjekt bereits eliminiert ist? Ich denke, die erogenen Zonen sind nicht nur auf die Brust beschränkt, aber die Brust stellt sich gut als plastisches Beispiel für die Verführung dar. Die Verführung geschieht auch über den zärtlichen Körperkontakt, über den Geruch, den verliebten Blick. Folgt man Laplanches Gedankengängen, dann ist das Sexuelle der Mutter bzw. des Vaters immer präsent.

Laplanches Denken führt auch immer zur Kommunikation zwischen zwei Unbewußten, zwei Körpern, dem der Mutter und dem des Kindes, welche unbewußt miteinander kommunizieren. Die unbewusste Kommunikation ist immer sexuell besetzt, und zwar gegenseitig. Für die Entwicklung von feministisch-psychoanalytischen Entwürfen wird das Sexuelle in der Interaktion zwischen Mutter und Tochter nicht zu umgehen sein.

5. Das Homosexualitätstabu

> Wo immer man nicht weiter zu fragen wagt oder nicht einmal auf den Gedanken kommt, es zu tun, hat man es mit einem Tabu zu tun. Die Gefühle, mit denen man ihm begegnet, können gar nicht anders als zwiespältig sein (Mitscherlich, 1975: 111).

Will man sich mit dem Triebgeschehen zwischen Frauen auseinandersetzen, dann ist auch eine grundsätzliche Auseinandersetzung mit der Homosexualität bzw. dem Homosexualitätstabu notwendig. Das Thema der Unterdrückung der Homosexualität zeigt in der Psychoanalyse ähnliche historische Dimensionen wie die Ausblendung einer spezifisch-weiblichen Entwicklung. Obwohl sich an manchen Orten einiges zu lockern beginnt, bleibt doch festzustellen, daß das Homosexualitätstabu weiterhin seine Auswirkungen zeigt, gerade auch in feministischen Konzeptionen, auf welche ich im folgenden eingehen will.

Wenn die Mutter das wichtigste erste Liebesobjekt für das Mädchen ist, wird es unumgänglich sein, das Sexuelle, das Triebhafte, und somit auch das Homosexuelle zwischen Mutter und Tochter einzubeziehen. Denn was sich zwischen Mutter und Tochter abspielt, wird sich in der Analyse zwischen zwei Frauen wiederholen.[1]

Im folgenden geht es mir nicht um die Rezeption von psychoanalytischen Theorien zur Homosexualität, sondern um eine Auseinandersetzung mit den jeweiligen Haltungen gegenüber der gleichgeschlechtlichen Liebe, die dann sehr wohl bestimmend für die betreffende Theoriebildung sein können.

Deshalb wird der Umgang mit der Homosexualität in der Psychoanalyse bis zu den feministischen Weiterentwicklungen untersucht. In der feministischen Auseinandersetzung wird zwar das Homosexualitätstabu aufgearbeitet, jedoch schleichen sich pathologisierende Zuschreibungen und Diagnosen unbewußt doch wieder ein. Mein Ziel ist es, aufzuzeigen, wie tief dieses Tabu verankert ist und unbewußt bis in die feministischen Konzeptionen hinein wirkt.

---

1 Siehe auch Kapitel 7

5.1. Die Homosexualität in der Psychoanalyse

> Die psychoanalytische Forschung widersetzt sich mit aller Entschiedenheit dem Versuche, die Homosexuellen als eine besonders geartete Gruppe von den anderen Menschen abzutrennen. Indem sie auch andere als die manifest kundgegebenen Sexualregungen studiert, erfährt sie, daß alle Menschen der gleichgeschlechtlichen Objektwahl fähig sind und dieselbe auch im Unbewußten vollzogen haben. [...] Im Sinne der Psychoanalyse ist also auch das ausschließliche Interesse des Mannes für das Weib ein der Aufklärung bedürftiges Problem und keine Selbstverständlichkeit (Freud, 1905d: Fußnote 44).

Diese Worte formulierte Freud schon 1905 und später immer wieder, wie z.B. auch in dem berühmten »Brief an eine amerikanische Mutter« (1935), deren Sohn homosexuell war, weswegen sie Freud um Auskünfte darüber bat. Trotzdem wird die Homosexualität in der Psychoanalyse von Anfang an als Abnormität oder Krankheit beschrieben, mit der bekannten Folge, daß homosexuelle Kandidatinnen und Kandidaten von der Ausbildung ausgeschlossen blieben, was mancherorts noch immer der Fall ist. Es ist leicht nachvollziehbar, welche Folge dies für die KandidatInnen in Ausbildung haben muß. Dies schlägt sich vor allem auch in den psychoanalytischen Publikationen zur Homosexualität nieder, welche wiederum von Analytikerinnen (nicht nur von den jungen KandidatInnen) aufgenommen werden. Auf diesem Wege wird die Homosexualität als Pathologie weitertradiert, was in engem Zusammenhang mit der Eliminierung der Triebtheorie steht.

Erinnern wir uns: Freud sagt ja, das Objekt sei das Variabelste am Trieb, somit kann es männlich oder weiblich, gleichgeschlechtlich oder gegengeschlechtlich sein, es kann Mutter oder Vater betreffen. Und er sagt: Das Sexuelle oder das Triebhafte sucht die Lust und nicht das Objekt. Diese Grundsätze wurden jedoch zum Verschwinden gebracht.

So ist in manchen *Objektbeziehungstheorien* (z.B. Fairbairn, Mahler, Winnicott, Guntrip, u.a.m.) nicht die Lust das Ziel des Triebes, sondern die Lust ist das Movens für zwischenmenschliche Beziehungen. Der ödipale Konflikt ist demzufolge nicht mehr ein Triebkonflikt, nämlich der Konflikt zwischen Lust und Unlust, sondern ein Beziehungskonflikt. Dies muß zwangsläufig Konsequenzen für spätere feministische Konzeptionen haben, welche sich auf die Objektbeziehungstheorien sowie auf die Selbstpsychologie berufen.

Für die *Selbstpsychologie*, mit Kohut als Referenzautor für zahlreiche feministische Entwürfe, entstehen die Neurosen über eine mangelhafte Mutter, welche ihre eigenen Defekte an das Kind weitergibt, wobei vor allem die »fehlende Empathie« der Grund für Pathologien darstellt. Die Triebkonflikte sind im selbstpsychologischen Denken ausgeschaltet. Homosexualität ist in diesem Menschenbild das Resultat einer gestörten Mutter-Kind-Beziehung, deren Grundlage eine »nicht genügend gute Mutter« ist, welcher das Kind ausgeliefert sei (z.B. Winnicott 1974 u.a.m.). Darin ist die Haltung begründet, daß Homosexualität eine frühkindliche Entwicklungsstörung ist, welche eine spätere Beziehungsstörung nach sich ziehe und keine triebliche Ausrichtung, genauso wie die Heterosexualität oder auch die Bisexualität. Therapietechnisch muß das beschädigte Selbst mit einer Therapeutin wieder repariert werden, welche die Defizite der nicht genügend guten Mutter auszugleichen hat.

Weitere Beispiele von Pathologisierungen des Homosexuellen in jüngerer Zeit, welche sich in dem Sinne auswirken, daß das Nicht-Wertende, Anarchische, Widerspenstige, eben Triebhafte, gänzlich verloren geht, sind in den Werken von renommierten Autorinnen und Autoren wie Ch. Socarides (1971, 1978), E. Siegel (1992), J. McDougall (1974) und etlichen anderen enthalten. Kernberg, dessen Publikationen als Grundlage für viele Studien- und Lesegruppen dienen, schreibt z.B.: »Nur in seltenen Fällen finden sich Homosexuelle ohne signifikante Charakterpathologie« (O. F. Kernberg, 1986). Für ihn ist der therapeutische »Erfolg« eng verknüpft mit der Beseitigung der homosexuellen Orientierung:

> Während nicht alle männlichen Patienten mit neurotischer Persönlichkeitsorganisation ihre homosexuelle Orientierung im Laufe der psychoanalytischen Behandlung lösen, sind jene Patienten, die ihre homosexuelle Orientierung doch lösen, gewöhnlich auch diejenigen, die auch eine wesentliche Auflösung neurotischer Charakterstörungen erkennen lassen (Kernberg, 1985: 184).

Unter diesem Aspekt gesehen sind die zwei Autorinnen Joyce McDougall und Elaine Siegel interessant.

Joyce McDougall

McDougalls Arbeit, erschienen im Reader von Janine Chasseguet-Smirgel (Chasseguet-Smirgel, (1964) 1974), befaßt sich mit der weiblichen Homosexualität. Die Publikation hat zum Ziel, die Pathologie der weiblichen Homosexualität zu eruieren. Ihre Annahmen begründen sich auf vier Frauen mit ausschließlich homosexuellen erotischen Beziehungen. Diese suchten McDougall zwecks einer Analyse auf, weil ihr prekäres psychisches Gleichgewicht, das nach Ansicht der Autorin nur mit Hilfe der Homosexualität aufrechterhalten werden konnte, zu bröckeln begann. Dahinter zeigten sich bei allen unsägliche Angst und Depressionen. Bei einer ihrer vier Patientinnen trat diese Angst als Angst vor totalem Verlust der sexuellen Lust hervor, was ja im Prinzip bei allen Menschen hin und wieder geschieht, ist es doch diese Angst vor dem eigenen Triebhaften. Aber:

> [...] diese Angst spielt in der Homosexualität eine bedeutsame Rolle und kommt in dem Augenblick wieder zum Vorschein, in dem die Kranke mit ihren heterosexuellen Wünschen konfrontiert wird. Den Verlust ihres Anrechtes auf sexuelles Vergnügen mit einem Mann fürchtete sie dieses Mal mit der Begründung, sie habe gewagt, unter dem Einfluß schuldhafter ödipaler Phantasien zu masturbieren. Zugleich beschäftigt sie sich mit ihrer Liebesfähigkeit. Die destruktiven Aspekte oralen oder analen Ursprungs und die zwanghaften Elemente in ihren früheren Liebesbeziehungen zu Frauen bringen sie auf den Gedanken, daß sie niemals irgend etwas wirklich geliebt hat. Aber indem ihr das klar wird, verbessert sich ihre Fähigkeit zu reiferen Beziehungen, die auf einer festen Identität, auf dem Gefühl ihrer Komplementarität zum Manne und dem Wunsch nach einer wirklich reziproken Beziehung basieren (McDougall, 1974: 273/274).

An manchen Stellen wird von der Autorin Homosexualität als Reparationsversuch einer mißglückten Mutter-Tochter-Beziehung dargestellt. Die Folge ist eine männliche Identifizierung der lesbischen Frau, begleitet von tödlichem Haß auf die Mutter (ebd.).

> Die Homosexuelle entgeht einer von der Mutter-Imago geforderten symbiotischen und gefährlichen Identifikation und bewahrt gleichzeitig die unbewußte Identifikation mit dem Vater, das wesentliche Element dieser zerbrechlichen Struktur. Auf klinischer Ebene ist es ein Versuch, sich gegen tiefe Depressionen und mögliche Dissoziationen zu schützen. Die homosexuelle Beziehung trägt dazu bei, die Identität des Subjektes und die Kohäsion des Ich zu bewahren (ebd. 291).

Homosexualität als vor allem narzißtische Wiedergutmachung zu verstehen, läßt die Triebdimension außer acht. Das heißt auch, daß in der Mutter-Tochter-Beziehung die Tochter nur als narzißtisches Anhängsel der Mutter gesehen werden kann, ohne eigenes Triebleben und vor allem ohne die erotische und sexuelle Dynamik zwischen Mutter und Tochter zu berücksichtigen.

Nun hat sich McDougall 31 Jahre später in ihrer neuesten Publikation wiederum mit der frühen Beziehung zwischen Mutter und Tochter befaßt und beschreibt darin die primären homosexuellen Wünsche des kleinen Mädchens zur Mutter. Beim Lesen ihres Buches »Die Couch ist kein Prokrustesbett. Zur Psychoanalyse der menschlichen Sexualität«, kommt man wieder mit jenem Phänomen in Kontakt, das ich in der Einleitung beschrieben habe: Irritation und Sprachlosigkeit machen sich breit. Dazu nur kurz einige Bemerkungen:

McDougall befaßt sich mit den bisexuellen Phantasien sowie mit den Urszenephantasien in ihren prägenitalen und archaischen Formen. Sie untersucht die homosexuellen Anteile der weiblichen Sexualität, was neugierig macht. Dabei spricht sie von der tiefen homoerotischen Bindung des Mädchens an die Mutter (ebd.: 38), ohne diese jedoch weiter zu spezifizieren. Die homosexuell ausgerichtete Libido ist für McDougall während der frühen Kindheit bei Knaben und Mädchen gleich stark. Für das Mädchen sei der Wunsch, die Mutter sexuell zu besitzen jedoch problematischer als für den Knaben, weil es sich »zur Mutter nicht komplementär sexuell verhalten kann« (ebd.: 42), und von daher nicht glauben könne, »daß es über eine einzigartige und ganz andere sexuelle Ausstattung verfügt und aus diesem Grund in den Augen der Mutter besonderen Wert besitzt« (ebd.: 42). Ich frage mich, ob diese und auch weitere Reflexionen über die *homosexuelle Libido* sich wesentlich von ihren Aussagen in den 60er Jahren unterscheiden. Eine Bemerkung wie

> Wenn Kinder ihre Eltern von früh auf als ein liebendes Paar erleben und sehen, daß sich beide respektieren und einander sexuell begehren, dann wächst die Wahrscheinlichkeit, daß sie als Erwachsene dem Vorbild ihrer Eltern folgen (ebd.: 39).

weist eher auf Machbares, denn auf Triebhaftes hin.

Elaine Siegel

Der Referenzautor von E. Siegels Publikation über »Weibliche Homosexualität. Psychoanalytische und therapeutische Praxis« (1992) ist Ch. Socarides. Im Grunde kann man einwenden, es erübrige sich, Siegel genauer unter die Lupe zu nehmen, da Socarides Statements unmißverständlich klar und weitverbreitet sind. Sie lauten so:

> Ungefähr die Hälfte der Patienten, die sich homosexuell betätigen, haben eine begleitende Schizophrenie oder Paranoia, sind latent oder pseudoneurotisch schizophren oder leiden unter einer manisch-depressiven Reaktion. Die andere Hälfte der Patienten ist, wenn neurotisch, vom obsessionellen oder gelegentlich vom phobischen Typus. Manchmal leiden sie unter Charakterstörungen, einer psychopathischen Persönlichkeit oder verschiedenen Formen der Sucht (Socarides, 1971: 141).

Trotzdem ist es interessant, welche Haltung eine Analytikerin in den 90er Jahren der Homosexualität gegenüber einnimmt und wie sie argumentiert. Siegel untersucht in ihrer Studie acht homosexuelle Frauen. Ihren theoretischen Hintergrund sollen Trieb-, Ich-, Selbst- und Objektbeziehungstheorien bilden, wobei ihr triebtheoretischer Zugang für mich nicht ersichtlich geworden ist.

Im Vorwort betont die Autorin, daß sie weibliche Homosexualität nie als Krankheit interpretierte und die Analysandinnen auch nie »bekehren« wollte. Aber sie habe auf Grund psychoanalytischer Theorie und Praxis bald erkannt, »daß ich mich nicht verführen lassen dürfte, weibliche Homosexualität als normalen Lebensstil zu empfinden« (Siegel, 1992: 22), und vermerkt, nicht ohne Triumph, daß ein Großteil der homosexuellen Frauen heterosexuell wurde. Das könnte darauf hindeuten, möchte man hinzufügen, daß das Homosexuelle gar nicht das Problem und die Diagnose »weibliche Homosexualität« möglicherweise fehl am Platz war. Denn:

> Höchst bedeutsam für unser Verständnis der psychologischen Ursachen von weiblicher Homosexualität ist der klinische Befund, daß es allen Patientinnen nicht gelang, sich mit ihren Müttern zu identifizieren – insbesondere unter dem Aspekt der Mütter als geschlechtsreife Wesen (ebd.: 14).

Hier wäre die Frage zu stellen: Welcher von unseren Analysandinnen in unserer eigenen Praxis ist denn eine gute Mutteridentifikation gelungen? Sind nicht gerade die Körperbilddefizite, in Verbindung mit anderem, das Problem, das sich meistens in Analysen zeigt, ob die Analysandin nun homosexuell, bisexuell oder heterosexuell ist? Und sind diese Defizite nicht auch sexuelle Defizite im Zusammenhang mit den »entsexualisierten« Müttern? Diese Fragen bleiben unbeantwortet, obwohl doch im Vorwort davon gesprochen wird, daß »jedes kleine Mädchen zunächst die Mutter liebt, also einer homosexuellen Objektwahl im frühen Alter überhaupt nicht entgehen kann« (ebd.: 12).

Wenn ich Siegel richtig verstehe, dann können die Patientinnen ihre Mütter nicht als sexuelle Wesen mit eigenen Wünschen und Begierden erkennen. Dies würde, etwas verkürzt formuliert, zur späteren homosexuellen Objektwahl führen, die klinisch diagnostiziert wird. Von daher sind ihre Gedankengänge, wie sich dies in der Analyse zwischen Analysandin und Analytikerin abspielen soll, von Interesse.

Siegels Umgang mit der Gegenübertragung ist geprägt von Autorinnen und Autoren wie Paula Heimann, Heinrich Racker, H. F. Searles, Otto Kernberg und anderen (siehe auch das nachfolgende 6. Kapitel), die ausgiebig Gebrauch von den Gefühlen machen, die die Patienten in ihnen auslösen, wie sie sagt. Darüber hinaus seien ihr jedoch Kohuts Hypothesen, die das Sammeln von Daten anhand von kontrollierter Selbstobjekt-Gegenübertragung ermöglichen, wichtiger und »bereiten dem Analytiker vielleicht weniger Streß« (ebd.: 215). Sie formuliert das folgendermaßen:

> Ein Überrest des Bedürfnisses, den Patienten zu idealisieren, kann ihr (der Analytikerin, AK) aber dabei helfen, ein Potential für Wachstum zu entdecken, was andere (die Eltern, AK) möglicherweise übersehen haben. Es könnten tatsächlich die Selbstobjekt-Bedürfnisse der Analytikerin sein, die »wenn sie den Analysanden behutsam idealisiert, was dann dem Potential des Analysanden genau die kleine, notwendige Menge an Bestätigung gibt, die eine gesunde Mutter ihrem Baby zuteil werden läßt, indem sie an seine Vollkommenheit glaubt. Diese Form der Bestätigung ist auch nötig, um die destruktiven Mängel zu überwinden, die durch Fehlverhalten der Selbstobjekte in der frühen Kindheit entstanden sind (Wolf, 1979, S. 436)« (ebd.: 216).

Empathisch muß die Analytikerin sein und sich den Gefahren, das Selbstobjekt der Patientin zu sein, widersetzen, sagt Siegel, und zugleich muß sie fähig sein, die gleichzeitig auftretende Gegenübertragung zu ertragen. Mit ihren lesbischen Analysandinnen gipfelte das Unbehagen in ihren Gegenübertragungen in der Frage: »Wer sollte Frauen analysieren, die homosexuell sind?« (ebd.: 219) Die Angst in solchen Momenten ist nicht zu übersehen. Vielleicht ginge es ja nicht nur um das Ertragen der Gegenübertragungsangst, sondern auch um eine kritische Selbstanalyse. Vielleicht träte die Angst vor Gleichgeschlechtlichkeit oder vor eigenen homosexuellen Tendenzen, kurz: die Angst vor dem eigenen Fremden, dem Triebhaften, zutage.

Die Angst vor dem eigenen Triebhaften, vielleicht auch die Angst vor eigenen homosexuellen Neigungen, zeigt sich an mehreren Stellen des Buches (ebd.: 222; an dieser Stelle am prägnantesten, aber auch in den Fallgeschichten), z.B. da, wo die Autorin zugibt, sich nur auf heterosexueller Grundlage in ihre Analysandinnen einfühlen zu können. Siegels wiederholte Aussage, für eine heterosexuelle Frau sei Homosexuelles nicht nachvollziehbar, scheint mir fragwürdig; denn diese Aussage impliziert, daß nur das, was wir kennen und praktizieren, nachvollziehbar ist. Phantasien, Wünsche, Sehnsüchte und auch die Ängste, die mit dem Homosexuellen im Zusammenhang stehen, werden ausgeklammert. Wieso soll eine Hetera, die Homosexuelles nicht versteht, das Heterosexuelle besser verstehen können? Dieser Punkt bleibt offen. Die Vorstellung, daß zwei Heteras in der Analyse sich besser verstehen sollten, impliziert, daß sich bei ihnen weniger Fremdes abspielt als zwischen einer lesbischen und einer heterosexuellen Frau. Ich bezweifle das sehr.

Der abschließende Satz ihres Buches lautet:

> Zusammengefaßt: Beide Elternteile waren regelmäßig bereit, die Entwicklungsbedürfnisse Ihrer Töchter ihren eigenen Trieben zu opfern. Es kam ihnen nicht in den Sinn, ihre Kinder als etwas anderes als ihren Besitz zu betrachten. Die Unbarmherzigkeit, Kälte und narzißtischen Beeinträchtigungen, die in den Handlungen der Eltern sichtbar wurden, deuten so, wie sie von den Töchtern dargestellt wurden, in einigen Fällen auf narzißtische Persönlichkeitsstörungen und mögliche Borderline-Syndrome hin (ebd.: 238).

Der Erfolg von Siegels Studie in den USA, die eine deutsche Publikation unumgänglich zu machen schien, verwundert. Es zeigt auch, wie sehr sich das Bild der desexualisierten Mutter und Frau eingeprägt hat, auch in feministischen Entwürfen, wobei ich Siegels Untersuchung nicht als feministischen Entwurf verstehe.

5.2. Die Homosexualität und das Homosexualitätstabu in der feministischen Auseinandersetzung

Wie leicht festzustellen ist, muß ein offener und lockerer Umgang mit dem Thema Homosexualität noch keineswegs innerpsychische Konfliktfreiheit bedeuten. Die Frage stellt sich daher, wie ist die Triebabwehr bzw. die Angst vor dem Sexuellen in der Theorie wie auch in der Praxis festzustellen?

Irritationen in der Begegnung mit dem Fremden, dem Sexuellen oder Triebhaften, stellen sich nicht nur in alltäglichen Begegnungen oder in Analysen ein, sondern auch beim Lesen von Texten. Wurde im vorigen Kapitel die Entwertung der Homosexualität durch Pathologisierung dargestellt, so muß andererseits auch die Frage der Idealisierung der Lesben durch die Heteras betrachtet werden. Idealisierung bzw. Entwertung von lesbischen Beziehungen stellen die zwei Seiten der gleichen Medaille dar: nämlich Triebabwehr. Flaake sagt in ihrer Arbeit »Lesbische Beziehungen – Zwischen Idealisierung und Entwertung« (1995):

> Vergleicht man die den wesentlich von lesbischen Frauen getragenen feministischen Diskursen zugrunde liegende latente Botschaft mit der der Psychoanalytikerinnen, die an der Norm der Heterosexualität orientiert sind, so wird deutlich, daß beide Gruppen von Frauen das Lustvolle der jeweils anderen Lebensweise bestreiten. [...] Die Gemeinsamkeit dieser Aussagen besteht darin, daß, wenn es um Sexualität geht, das jeweils andere nicht attraktiv sein darf (Flaake: 857).

Sie beschreibt die Ängste der Lesben und Heteras vor der jeweils anderen Gruppe und führt diese auf einen gemeinsamen Problemhintergrund zurück, der sich über das Verständnis der weiblichen Entwicklung erschließen könnte.

Im folgenden soll kurz eine Autorin vorgestellt werden, welche ihre eigenen Entwicklungsschritte zwischen zwei Publikationen (Eisenbud, 1969: *Female homosexuality*, und 1982: *Early and later determinants of lesbian choice*) beschreibt. In offener Art und Weise berichtet Ruth-Jean Eisenbud ((1986) 1992) über die »Revision« ihres eigenen Denkens, über die Veränderungen ihrer Einstellung, die zwischen 1969 und 1982 stattfanden. Was mir an ihrer Arbeit gefällt, ist die Darstellung ihrer Selbstreflexion. Beim Lesen ihres Textes über die »lesbische Objektwahl« gewinnt man jedoch manchmal den Eindruck einer Rechtfertigungsschrift. Rechtfertigung aber wofür?

Im Zusammenhang mit ihrer eigenen Entwicklung und beruflichen Sozialisation blieb sie lange im klassischen Pathologisierungsschema der Homosexualität verhaftet, welches Homosexualität als »Angst vor Heterosexualität« definiert. Sie vergleicht ihre »rückständige« (ebd.: 228) Arbeit über weibliche Homosexualität von 1969 mit ihrem neuen Artikel von 1982 und beschreibt die Phasen der vorgenommenen Revision samt Kritiken die sie für den ersten Artikel erhielt.

> In meiner 1969 verfaßten Arbeit wurde diese »liberale« Erklärung für eine lesbische Objektwahl als eine Abwehr gegen ödipale Wünsche, als Flucht aus dem Gefängnis der unerfüllten Sehnsucht nach Zärtlichkeit und Sexualität dramatisch dargestellt. Die Theorie schien mir damals ganz mit jener Achtung, Aufmerksamkeit und Empathie vereinbar, mit denen ich mich auf eine lesbische Patientin einstellte, die für mich ein Mitglied einer verfolgten Minderheit war (ebd.: 227).

Erfolgte 1969 ihre Auseinandersetzung mit dem »lesbischen Rollenspiel« noch unter dem spezifisch feministischen Blickpunkt, welcher die Ursache von lesbischen Lebenszusammenhängen in der Unterdrückung durch eine patriarchale Gesellschaft sah, so lieferten ihr die Erkenntnisse von 1982,

> [...] die Befreiung aus eigenen früh determinierten Frustrationen und Benachteiligungsgefühlen zusammen mit der dafür notwendigen Initiative den Schlüssel zur primären Natur der Objektwahl (ebd.: 231).

Sie beschreibt im weiteren, daß sie die präödipalen Erfahrungen des Mädchens mit der Mutter und die Ablösung von dieser Mutter vernachlässigte und auch andere präödipale libidinöse Erfahrungen mit der Mutter von ihr unberücksichtigt blieben. Daraus ist nun aber nicht unbedingt auf eine sexuelle, triebliche Interaktion zwischen Mutter und Tochter zu schließen, was im vorliegenden Kontext ja von Interesse ist. Ihre 1982 aufgestellte Hypothese lautet:

> [...] daß die frühzeitige Hinlenkung der sexuellen Erregung auf die Mutter das *Ergebnis*, nicht die Ursache der Sehnsucht des kleinen Mädchens nach einer sicheren Bindung sei. Dieser progressive (und nicht regressive) Erregungsmodus ist ein wahrhaft primäres Datum der lesbischen Präferenz. Es ist diese erste und dauerhafte präödipale Internalisierung romantischer sexueller Sehnsucht nach Beziehung, die jene Programmierung zur Folge hat, die später im Leben wirksam wird (ebd.: 228/229, *Hervorhebung im Original*).

Mit anderen Worten: Die romantisch-sexuelle Objektwahl in der frühen Mutter-Tochter-Beziehung kann in der präödipalen Phase entstehen, und zwar durch das »frühreife Zusammentreffen von sexuellen Impulsen und gleichgeschlechtlicher Erregung« (ebd.: 228). Die Ausdrucksweise »romantisch-sexuell« irritiert. Wird damit nicht das triebhafte Geschehen wieder eingedämmt?

Ich verstehe Eisenbud folgendermaßen: Sie beschreibt diese präödipale Erotik zwischen Mutter und Tochter ausschließlich für die lesbische Entwicklung. Nach Eisenbud gibt es spezifische Ätiologien, welche die lesbische Objektwahl determinieren, wobei diese Sichtweise sie wiederum in die Nähe zur Pathologisierung der Homosexualität führt. Denn darunter sind nicht Ätiologien von weiblichen Neurosen zu verstehen, sondern von homosexueller Objektwahl. Aus dem Text ist aber nicht ersichtlich, worin der Unterschied zwischen lesbischer Objektwahl und Neurose liegen könnte, wenn für Eisenbud die folgenden »3 spezifischen Ätiologien« gelten, die mit »Ausschließung durch die Mutter« (ebd.: 235) als Determinante der romantischen lesbischen Objektwahl begriffen werden:

> Die erste ist eine Ausschließung vom Bemuttertwerden und ein Kampf um dieses Bemuttertwerden (ein »Eingelassenwerden«) durch sexuelle Erregung. Die zweite ist eine Ausschließung von der Identifizierung mit der Mutter; das Doublebind zum Beispiel, daß das Kind »ein kleines Mädchen sein soll, weiblichen Geschlechts, aber gleichzeitig von ihm erwartet wird, daß es aktiv, unabhängig, selbstsicher, bedürfnislos und eine Stütze der Mutter ist« (S. 101). In dieser zweiten Ätiologie wird die Tochter »bestraft für ihre Aktivität, ihre Unabhängigkeit und das Bedürfnis, zu flüchten oder zu kämpfen« (S.101). In der dritten Ätiologie geht es um die Frage der Individuation. Das Ich der Tochter wird hier durch eine »verschlingende« Mutter bedroht. Das kleine

> Mädchen ergreift die Initiative und vertauscht durch seine eigene sexuell aggressive Werbung die Positionen (ebd.).

Wird hier nicht erneut, und sicherlich ungewollt, ein Bild der krankmachenden Mutter gezeichnet, welche für die Entwicklung der weiblichen Homosexualität offenbar prägend ist? Und wird nicht dadurch die Mutter entsexualisiert?

Welche Rolle spielt der Vater? Die negative Internalisierung von Männern, die sich anscheinend in den Traumbildern ihrer mit Lesben durchgeführten Therapien zeigen, sind auf ungeeignete Väter zurückzuführen:

> Die Internalisierung von ungeeigneten Vätern und von schlechten Vaterbildern verstärken Sadismus, Masochismus und die Abhängigkeit von der primären Liebe zur Mutter ebenso, wie es die Internalisierung einer grausamen Mutter tut (ebd.).

Sich Eisenbuds Texte anzueignen ist mit intellektueller Schwerarbeit verbunden, wobei sie da nicht alleine steht. Am Ende solcher Textanalysen muß man sich schon die Frage stellen, was eine derart komplizierte Sprache will und ob sich dahinter nicht mehr Ungenauigkeiten verbergen, als auf den ersten Blick sichtbar sind. Oder wie Ulrike Schmauch sehr treffend feststellt: »Eine sinnliche einfache Sprache ist Teil einer triebbejahenden Haltung« (Schmauch, 1994: 84). Jedenfalls ist Eisenbud in der Auseinandersetzung mit dem Homosexualitätstabu nicht zu übergehen, weil sie für manche feministische Entwürfe zu diesem Thema quasi zur Basisliteratur gehört.

In der Analyse und Auseinandersetzung mit dem Homosexualitätstabu im feministischen Diskurs kann es nicht darum gehen, wer richtig argumentiert oder nicht, bzw. welche Konzeptionen stimmig sind oder nicht. Hingegen kann, im Sinne einer Gegenübertragungsanalyse, wie wir oben gesehen haben, versucht werden, die Stagnationen im Textfluß, ähnlich dem Analyseprozeß, zu eruieren, wobei die eigene Gegenübertragungsanalyse nicht anders als subjektiv sein kann. Das Verwirrende bei meinen Textanalysen – wie ich das auch oben bei J. McDougall angesprochen habe – zeigt sich darin, daß zwar souverän über Sexualität und den Trieb verhandelt wird, auf einer anderen, konzeptionellen, Ebene sich jedoch das Triebhafte, Sexuelle nirgends zeigt. Damit ist »jene babylonische Sprachverwirrung«

gemeint, »die heute in der psychoanalytischen Gemeinschaft herrscht«, wie Johannes Cremerius (1992: 8) dies pointiert feststellt. Es geht zwar um den gleichen Sachverhalt, aber es wird damit sehr unterschiedlich umgegangen: Das Sexuelle hat sich in etwas verwandelt, das mit der Freudschen Definition nichts mehr zu tun hat.

Auf mancherlei Art wird der Diskriminierung der Homosexualität entgegengetreten. Meist idealisierend und auch fasziniert, wie dies Karin Flaake (Flaake, 1995) beschreibt. Die Idealisierung von Lesben durch Heteras beinhaltet bekanntlich Angstabwehr und beläßt das eigene Triebhafte im Unbewußten. Woran wäre dies zu erkennen? Ein Zeichen dafür sind die oben erwähnten Kategorisierungen und Pathologisierungen der Lesben bzw. der homosexuellen Entwicklung, die sich all zu oft unbemerkt einschleichen, auch in feministischen Arbeiten.

Wenn eine Abhandlung mit dem Untertitel »1. von der Schwierigkeit, als Psychoanalytikerin über Homosexualität zu sprechen« (Rohde-Dachser, 1994: 827) beginnt, irritiert das. Im Laufe des Textes wird deutlich, daß das Schwierige darin besteht, sich von Vorurteilen sowie von den klassisch-psychoanalytischen Lehrmeinungen (siehe 4.1) zu trennen. Würde der Titel lauten: »Von der Schwierigkeit, als *heterosexuelle* Psychoanalytikerin über Homosexualität zu sprechen«, würde das eigene triebliche Unbehagen klar. Da sich der Text aber nicht mit dem Sexuellen befaßt, sondern eine Abhandlung der psychoanalytischen Auffassungen ist, ist auch nichts dagegen einzuwenden. Am Schluß bleibt für die Autorin eine Frage offen:

> Unbeantwortet blieb – neben vielem anderen – die Frage, welches die individuellen und kollektiven Befürchtungen sind, die Menschen dazu veranlassen, vor diesem Potential nicht nur zurückzuschrecken, sondern besonders die Homosexualität immer wieder neu zu diffamieren. Wir können sie an dieser Stelle nicht mehr aufgreifen. Plädieren möchte ich aber dafür, daß Psychoanalytikerinnen und Psychoanalytiker ihren Patientinnen und Patienten eine Wertschätzung dieses reichen menschlichen Potentials vermitteln, so wie Morgenthaler (1984) dies für die Perversion vorschlägt (ebd.: 839).

Wertschätzung alleine wird nicht genügen, vielleicht eher: sich dem eigenen Fremden in Konfrontation mit dem Fremden der anderen Person zu stellen. Denn die Diffamierung der Homosexualität beruht auf nichts anderem als der eigenen Triebangst.

Die Schwierigkeit im Umgang mit der Homosexualität bzw. mit dem Homosexualitätstabu zeigt sich in der feministisch-psychoanalytischen Literatur in Konzepten wie z.B. denjenigen der »lesbogenen Mutter« oder der »weißen Beziehung« zwischen Mutter und Tochter.

5.3. Die primäre homosexuelle Objektwahl und das Homosexualitätstabu

Brigitte Halenta entwarf vor nicht allzu langer Zeit das Konzept der »lesbogenen Mutter« (Halenta, 1993: 146), wobei sie sich auf Winnicotts »ausreichend-gute Mutter« sowie auf McDougalls Ausführungen stützt. Ihre Gedankengänge betreffen die Übertragung und Gegenübertragung in den Behandlungen von lesbischen Frauen, worauf ich im 7. Kapitel noch zu sprechen kommen werde.

Die lesbogene Mutter ist, gemäß Halenta, in den allermeisten Fällen nicht »gut genug« für ihre Tochter, weil sie selber depressiv ist. Sie lehnt die Tochter als Geschlechtswesen aggressiv ab, was der unbewußten Ablehnung der eigenen Geschlechtlichkeit entspricht. Die Mutter »bestätigt mit ihrem Haß auf alles Weibliche das Geschlecht der Tochter und vernichtet es zugleich« (ebd.: 147). Die Tochter identifiziert sich nun mit diesem Haß und muß ihn manisch abwehren. »Die ›böse‹ weibliche Geschlechtlichkeit wird abgespalten« (ebd.: 148) und in der späteren Beziehung zwischen Therapeutin und Klientin wird dann eine asexuelle Beziehung hergestellt, die im »Extremfall zur therapeutischen Idylle führt« (ebd.: 147).

Das Schwierige scheint zu sein, sich die Mutter an sich als erotische sexuelle Person vorstellen zu können, das heißt auch, ihr einen Subjektstatus zuzugestehen, der ja im Prinzip von den Feministinnen gefordert wird, um in einem nächsten Gedankenschritt Überlegungen zur sexuellen Interaktion zwischen Mutter und Tochter anstellen zu können. Die Mutter bleibt weiterhin entsexualisiert und ist als »nichtgenügend gute Mutter« grundlegend für neurotische Entwicklungen, wovon eine die lesbische ist.

Freuds Aussage, daß auch die Heterosexualität »ein der

Aufklärung bedürftiges Problem und keine Selbstverständlichkeit« (Freud, 1905d: 44) sei, wird in solchen Konzeptionen konsequent ignoriert. Weiterführende konstruktive Überlegungen zu Freuds Gedanken sind an einer Hand abzuzählen.[2]

Die Überlegungen von Halenta basieren auf Christiane Olivier (Olivier, 1987: 121 ff.), einer Pariser Analytikerin, welche die Beziehung zwischen Mutter und Tochter als »weiße Wüste« beschreibt. Die »weiße Wüste« beinhaltet, daß die Beziehung zur Mutter »eine von Begehren *freie*« (ebd.: 127) ist, worauf die »farbenprächtige Oase« folgt, die in der Person des Vaters und späteren Mannes liegt. »Nicht-begehrt-Werden ist Nicht-Leben« (ebd.). Dem ist nichts entgegenzuhalten. Warum aber die Mutter nur den Sohn als den Gegengeschlechtlichen, den anderen, begehren kann und nicht die Tochter, bleibt, nicht nur bei Olivier, erklärungsbedürftig. Sie sagt dazu:

> [...] dank der ödipalen Liebe, die sie für ihn (den Sohn, AK) hat, liebt sie ihn ohne Bedingungen, *wie er ist*: sein geschlechtlicher Unterschied reicht ihr aus, als Belohnung dafür, daß sie ihn gemacht hat. Es ist nur das *Mädchen*, von dem sie verlangt, dem Stereotyp »Frau« zu entsprechen. Und sie glaubt auch noch, recht zu handeln. Dabei sperrt sie ihre Tochter ein und macht aus ihr das *Objekt* ihrer Ambitionen (Olivier, 1991: 26, *Hervorhebungen im Original*).

Das Begehrt-Werden und dadurch Begehren-Können kann nur über die Person des Vaters stattfinden. Weil aber der Vater (in seiner physischen Präsenz) selten zur Verfügung steht, kann das eigene Begehren des Mädchens nicht entstehen, es muß sich leer fühlen. Und diese Leerstelle ist im Grunde nicht zu reparieren.

Das Dilemma ist folgendes: Die Interaktion zwischen Mutter und Tochter wird als geschlechtskonstituierend formuliert, zugleich wird aber in dieser gleichgeschlechtlichen Interaktion die Mutter entsexualisiert aufgefaßt, das heißt, der sexuell-libidinöse ödipale Bezug kann nur zum Knaben stattfinden. Das Mädchen steht in dieser Phase quasi auf verlorenem Posten, weil der Vater nicht präsent ist und die Mutter nicht »genügend gut«. Diese Sichtweise beinhaltet die Einstellung, daß die Heterosexualität die normale Entwicklung ist. Wird in diesem Denken konsequenterweise die faktische physische

---

2 Unter anderem seien bes. erwähnt: E. Poludas »lesbischer Komplex«, sowie T. de Lauretis' »andere Szene«.

Präsenz des Vaters gefordert, wie dies auch Chodorow und Benjamin tun, der sich dem Mädchen als ödipales Liebesobjekt zur Verfügung zu stellen hat, dann gelangen hier soziologisierende Sichtweisen ins Spiel, die sich von der psychoanalytischen Argumentation entfernen. Es geht hier nicht nur um reale äußere Tatsachen, sondern auch um die innere triebhafte Realität. Das heißt, es sind die unbewußten Phantasien, die das Innenleben und die Subjektwerdung strukturieren.

6. Das Fremde zwischen zwei Frauen

Gegenübertragungsirritationen zeigen sich, wenn Fremdes auftaucht, das nicht integriert werden kann. Oder anders ausgedrückt: Sie zeigen sich dort, wo die eigene Konflikthaftigkeit unbewußt bleibt und zu Deutungsunvermögen bei der Analytikerin führen kann. Um zu zeigen, wie divergent mit der Gegenübertragung umgegangen wird, werden nun einige Ansichten aus der Geschichte der Gegenübertragung besprochen. Cremerius illustriert mit seiner Studie über Freud dessen eigene Praxis, welche erheblich von seinen theoretischen Schriften abgewichen ist. Triebhafte Nähe hat er in seinen Analysestunden offenbar gut zulassen können.

Was geschieht nun in der gleichgeschlechtlichen Beziehung? Die Idee, daß Frauen Frauen besser verstehen können, weil beide Töchter von Müttern sind und folglich eine *ähnlich-vertraute Geschichte* haben, läßt Fremdes nicht aufkommen. Es ist eine Illusion zu glauben, daß Gleichgeschlechtlichkeit eine Sicherheit bieten könne, sich freier mit Sexualität und Gewalt auseinandersetzen zu können.

Das Fremde in der anderen berührt das eigene Fremde oder Unbewußte (Erdheim, 1984). Die Analysandin wird der Analytikerin[1] immer fremd, ein Rätsel, bleiben (Loch, 1988). Von daher ist die Analogie von Analysandin und fremder Kultur naheliegend. Anstelle von Fallberichten erzähle ich über meine eigene für mich verwirrende Begegnung mit dem Fremden in mir, ausgelöst durch die Konfrontation mit dem Fremden in Afrika, oder anders ausgedrückt: meinem »Kulturschock« (Roth, 1998).

---

[1] Männliche Kollegen sind natürlich auch gemeint.

6.1. Grundsätzliches zur Gegenübertragung[2]

> Wegen der von ihm verursachten Störungen begegnen wir dem Unbewußten zunächst vornehmlich ablehnend und ängstlich (Mitscherlich, 1975: 83).

Das Unbewußte irritiert und ängstigt. In der Analyse wird mit der *Übertragung* der Analysandin und der *Gegenübertragung* der Analytikerin gearbeitet. Irritationen und Sprachlosigkeit entstehen durch die unbewußte Gegenübertragung der Analytikerin, bzw. deren Übertragungsneigung, die sich auf eigene von der Analysandin unabhängige Konflikte bezieht, d.h. sie ist in die Übertragung der Analysandin verwickelt und so nicht mehr imstande zu deuten. Es entsteht eine gemeinsame Angstabwehr, was in jeder Praxis immer wieder geschieht, hier jedoch nicht weiter erörtert werden soll. Was aber könnte diese Angstabwehr beinhalten?

Übertragungen stellen sich in allen menschlichen Beziehungen ein, und zwar spontan. Dieses Faktum bildete die Grundlage zur Entwicklung des wichtigsten psychoanalytischen Instrumentes: der Übertragung, d.h. jenes Phänomens, das die Beziehung der Analysandin zur Analytikerin konstituiert.

Die Entwicklung einer Übertragung auf die Analytikerin im Laufe des Analyseprozesses beinhaltet die unbewußte Wiederholung zwischenmenschlicher Haltungen, welche meist die Gefühle des Kindes zu seinen Eltern, Geschwistern oder sonstigen wichtigen Bezugspersonen darstellen. Die primäre Neurose, die auf Kindheitserfahrungen beruht, wird in der Folge in eine sekundäre künstliche *Übertragungsneurose* verwandelt, in welcher die Analysandin frühkindliches Erleben wiederholt bzw. auf die Analytikerin überträgt. Ziel einer Analyse ist es, diese wiederbelebten (und -erlebten) Gefühle und Verhaltensmuster mittels Deutungen bewußt zu machen, d.h. die Übertragungsneurose aufzulösen. Nach Freud sind Übertragungen:

> Neuauflagen, Nachbildungen von den Regungen und Phantasien, die während des Vordringens der Analyse erweckt und bewußt gemacht werden sollen, mit einer für die Gattung charakteristischen Ersetzung einer früheren Person durch die Person des

---

2 Teile dieses Kapitels über die Gegenübertragung stützen sich, z.T. modifiziert, auf meine Publikation (1987).

Arztes. Um es anders zu sagen: eine ganze Reihe früherer psychischer Erlebnisse wird nicht als vergangen, sondern als aktuelle Beziehung zur Person des Arztes wieder lebendig. Es gibt solche Übertragungen, die sich im Inhalt von ihrem Vorbilde in gar nichts bis auf die Ersetzung unterscheiden. Das sind also, um in dem Gleichnisse zu bleiben, einfache Neudrucke, unveränderte Neuauflagen. Andere sind kunstvoller gemacht [...], indem sie sich an irgend eine geschickt verwertete reale Besonderheit an der Person oder in den Verhältnissen des Arztes anlehnen. Das sind also Neubearbeitungen, nicht mehr Neudrucke (Freud, 1905d: 279 ff.).

Behandlungstechnisch wird mit der Übertragung verschieden umgegangen. Die Übertragung steht immer in Wechselwirkung zur Gegenübertragung. Da der Fokus dieser Arbeit die Analytikerin ist, ist vor allem die Gegenübertragung von Interesse. Die folgende Beschreibung der historischen Entwicklung des Gegenübertragungsbegriffs muß rudimentär bleiben. Ich beschränke mich auf die wichtigsten Punkte, die für meine These einer gemeinsamen Triebverdrängung relevant sind.

Zwei Hauptströmungen sind zu eruieren: Die eine ist als die *klassische* zu bezeichnen, und ihr Konzept von Gegenübertragung wird als unbewußte Reaktion der Analytikerin auf die Übertragung der Analysandin definiert. Diese Auffassung orientiert sich an Freud (1905–1910) und seiner Empfehlung, die Analytikerin müsse ihre Gegenübertragung überwinden.

> Es gehört zu den technisch schwierigsten (Problemen, AK) der Psychoanalyse. Theoretisch halte ich es für leichter lösbar. Was man dem Pat. gibt, soll eben niemals unmittelbarer Affekt, sondern stets bewußt zugeteilter sein, und dann je nach Notwendigkeit mehr oder weniger. Unter Umständen sehr viel, aber niemals aus dem eigenen Ubw. Dies hielte ich für die Formel. *Man muß also seine Gegenübertragung jedesmal erkennen, u. überwinden, dann erst ist man selbst frei.* Jemandem zuwenig zu geben, weil man ihn zu sehr liebt, ist ein Unrecht an dem Kranken und ein technischer Fehler. Leicht ist das alles nicht und vielleicht muß man dazu auch älter sein (Binswanger, 1956: 65)[3].

Der Ursprung der Gegenübertragung wird hier in den neurotischen Konflikten der Analytikerin gesehen. »Erkennen (...) u. überwinden« bedeutet, die Gegenübertragungsängste annehmen und ertragen zu können. Die Gegenübertragungen zeigen sich in diffusen Irritationen und sind dem Bewußtsein nicht unmittelbar zugänglich. Also geht es darum, die Gegenübertragungsgefühle in einem ersten Schritt zu »erkennen« und später selbstanalytisch

---

3 Brief von Freud an L. B. vom 20. Februar 1913 (Hervorhebung AK)

auszuwerten. Ich komme darauf noch zurück.

Die andere Hauptströmung ist eine *ganzheitliche*, welche von Autorinnen und Autoren vertreten wird wie u.a. Paula Heimann (1950), Heinrich Racker (1957) und Donald W. Winnicott (1960). »Ganzheitlich« bedeutet für diese Autoren folgendes: Sie verstehen die Gegenübertragung als die gesamte emotionale Reaktion der Analytikerin auf die Analysandin in der Analysesituation. Das heißt: bewußte und unbewußte Reaktionen der Analytikerin auf die Analysandin in der Analysesituation beziehen sich einerseits auf die Realität der Patientin wie auch auf ihre Übertragung, andererseits auf die realen Wünsche der Analytikerin wie auch auf ihre neurotischen. Die emotionalen Reaktionen der Analytikerin finden auf verschiedenen Ebenen statt und sind zugleich miteinander verknüpft.

Da Freuds Empfehlungen in bezug auf die psychoanalytische Behandlungspraxis meist wörtlich genommen wurden, haftete dem Gegenübertragungsphänomen jahrzehntelang etwas Negatives an. Denn die Beschäftigung mit der Gegenübertragung der Analytikerin ließ sich nicht vereinbaren mit der Auffassung, die Analytikerin habe wie ein Spiegel zu reflektieren. Und je reiner dieser Spiegel sei, desto reiner komme die Natur der Analysandin zum Vorschein. Das Wichtigste sei deshalb, die »blinden Flecken« im Spiegel zu eliminieren, d.h. die Analytikerin müsse sich mit der eigenen Gegenübertragungsangst befassen. Die kann, nach Freud, nur durch die eigene Analyse erreicht werden.

Diese enggefaßte Ansicht über die Gegenübertragung implizierte, daß diese längere Zeit stiefmütterlich und als etwas Schädliches in der psychoanalytischen »Kur« behandelt wurde. Dadurch wurde wahrscheinlich eine phobische Vermeidungshaltung der Analytikerinnen gegenüber ihren eigenen Gefühlsreaktionen eher gefördert, welche noch immer das Image der Analytikerin prägt: nämlich psychoanalytisch-mächtig und kühl-distanziert zu sein (Kernberg, 1983: 70).

Wie stark dieses Vermeidungsverhalten eigenen Emotionen gegenüber war, ist daran zu erkennen, daß erst in den 40er und 50er Jahren die Gegenübertragung zum Thema wurde. Aufgegriffen wurde das Thema vor allem durch Frauen wie Heimann u.a.

Helene Deutsch handelte als erste die Gegenübertragung und ihre Beziehung zur Übertragung theoretisch ab (Deutsch, 1926). Sie unterschied zwischen Gegenübertragung als Identifizierung mit der Analysandin, d.h. als Einfühlung in sie, und Gegenübertragung als Komplementäreinstellung (ebd.: 423), d.h. der Reaktion auf die Übertragung. Der Begriff der Komplementäreinstellung meint die Identifizierung der Analytikerin mit den Übertragungsobjekten[4] der Analysandin, also z.B. die Übernahme der Mutterrolle (der Mutter der Analysandin), in welcher die Analytikerin wie die Mutter fühlt und die Patientin die Gefühle wiedererlebt, wie sie sie früher in der Beziehung zur Mutter empfunden hat.

Die Gegenübertragung sei das Produkt der intuitiven Einfühlung auf dem Wege der unbewußten Identifizierung und der auf sie folgenden Rückprojektion, welche durch bewußte Gedankenarbeit zustande komme. So muß in einem ersten Schritt eine Identifikation mit der Patientin stattfinden und in einem darauffolgenden eine Abgrenzung von ihr, um sie damit konfrontieren zu können (= Deutungen). Weil der erste Teil des Vorgangs unbewußt abläuft, erscheint die intuitive Einfühlung vorerst als Selbstwahrnehmung der Analytikerin und muß erst bewußt auf die Analysandin rückprojiziert werden. Dadurch wird der Gegenübertragungsbegriff erweitert zur unbewußten Beziehung, welche Deutsch von der »grobaffektiven bewußten Beziehung« zur Analysandin trennt. Das Hindernis in der Behandlung liegt nach Deutschs Ansicht nicht in der unbewußten Gegenübertragung als solcher, sondern nur im Verdrängungswiderstand der Analytikerin, der sich auf die unbewußte Komplementäreinstellung fixiert, d.h. die Identifizierung mit der Analysandin verhindert, und dadurch die »freie Beweglichkeit der Übertragungswelle stört« (ebd.: 424). Der nicht sehr günstige Titel von Deutschs Arbeit »Okkulte Vorgänge während der Psychoanalyse« trug womöglich dazu bei, daß ihre Ideen zum damaligen Zeitpunkt nicht wahrgenommen wurden.

Die nachfolgende Entwicklung des Begriffs der Gegenübertragung weist in verschiedene Richtungen. Eine Richtung betrachtet Übertragung und Gegenübertragung als interpersonales Feld zwischen Analytikerin und Analysandin (Sandor Ferenczi, 1928; Michael Balint,

---

4 Auch: projektive Identifizierung, d.h. Identifizierung mit der Projektion (Übertragung)

1966; u.a.m.). Für eine andere ist Gegenübertragung ein reaktiver und innerpsychischer Indikator in der Beziehung (Paula Heimann, 1950; Melanie Klein, 1962; u.a.m.). Die dritte weist einen eigenen Standpunkt auf (Annie Reich, 1951; u.a.m.), nämlich, daß Gegenübertragung weder eine Seite der Übertragung noch eine normale Reaktion auf sie sei, sondern Ausdruck der eigenen inadäquaten Übertragung der Analytikerin auf die Analysandin, wobei zugestandenermaßen auch daraus Aufschluß über die Analysandin gewonnen werden kann.

Allen Strömungen gemeinsam ist, daß die Gegenübertragung nicht mehr als Phänomen der »Gegenliebe« betrachtet wird, welche als Störung die Analyse behindert, sondern daß sie ein komplexes Phänomen darstellt, das auf verschiedene Weise in der Analyse nutzbar gemacht werden kann.

Es war in den 50er Jahren wiederum eine Frau, Paula Heimann, die ihre unkonventionelle Darstellung und Ansicht über die Gegenübertragung vorlegte. Sie erregte, im Gegensatz zu Helene Deutsch, Aufsehen und auch viel Kritik. In ihren Ideen formulierte sie den berühmt gewordenen Satz: »Die Gegenübertragung des Analytikers ist die Schöpfung des Patienten« (Heimann, 1978). Nach Heimann beinhaltet die Gegenübertragung alle Gefühle der Analytikerin gegenüber der Patientin und ist deshalb das wichtigste Element in der analytischen Beziehung. Sie stellt ein Forschungsinstrument dar, um die unbewußten Prozesse der Analysandin zu verstehen. Nach Heimann (1950) ist es – im Gegensatz zu zwischenmenschlichen Beziehungen im allgemeinen – in der analytischen Beziehung besonders wichtig, daß die Analytikerin sich ihrer Gefühle bewußt ist und sie deshalb auch aushalten kann, statt sie wie die Analysandin auszuleben und abzureagieren. Sie soll weiterhin als Spiegel für die Analysandin funktionieren unter Einbezug ihrer durch die Analysandin ausgelösten Emotionen. D.h., während des Sprechens der Analysandin geschieht eine Identifikation der Analytikerin mit ihr. Wenn die Analytikerin diese von innen her verstanden hat, wird sie das Verstandene zurückspiegeln, z.B. mittels Deutungen, und damit quasi »übersetzen«.

Selbstredend folgten dieser Aussage von Heimann etliche Mißverständnisse auf dem Fuße. So wurde, sozusagen nach ihrer Anweisung, nach »Gefühl« gedeutet (vor allem von Anfängerinnen und Anfängern – was leider immer noch der Fall ist), und es wurde unterlassen, die Deutungen danach zu kontrollieren, ob sie einen Zusammenhang mit tatsächlichen Ereignissen in der Analysestunde hatten. Dies veranlaßte Heimann, ihr Anliegen einige Jahre später zu revidieren und zu korrigieren.

Die Tatsache der Anwendungsmöglichkeit der Gegenübertragung in der Analyse blieb jedoch erhalten. Und durch ihre Arbeit »Über die Notwendigkeit für den Analytiker, mit seinem Patienten natürlich zu sein« (ebd.) bekräftigte sie erneut, daß das Bild des distanzierten inhumanen Analytikers, der seine Gefühle ignoriert, der Vergangenheit angehört. »Natürliche Menschlichkeit braucht Mut« (ebd.: 21), sagt sie. Hinzufügen wäre: ebenso wie das Zulassen der eigenen Emotionen und Gefühle.

Das grundsätzliche Problem oder Mißverständnis bestand also, wie oben angeführt, darin, davon auszugehen, daß aufgrund der Phantasien und Gefühle in der Analytikerin während des Analyseprozesses auch schon Schlussfolgerungen gezogen werden könnten auf die unbewußten Prozesse in der Analysandin. Ita Grosz-Ganzoni gibt ein allen vertrautes Beispiel dafür:

> Die Tatsache, daß ich in einer Analyse Mühe habe, nicht einzuschlafen, bedeutet aber nicht, daß der Patient oder die Patientin zuwenig geschlafen hat. Meine Arbeit besteht darin, trotz großem Schlafbedürfnis herauszufinden, weshalb ich zum Schlafen verführt werden soll. In der Reflexion über den spezifischen therapeutischen Prozeß, auch über die Sukzession in der Stunde, komme ich je nach Patient zu einer anderen Erklärung meines Schlafbedürfnisses, die dementsprechend eine Intervention zur Folge haben kann (Grosz-Ganzoni, 1994: 23).

Übereilte Schlußfolgerungen wären also zu einfach und zu gefährlich. Es würde bedeuten, daß das, was von Heimann als Kontrolle in der analytischen Situation bezeichnet wird, außer acht gelassen würde.

Die Gegenübertragung, d.h. die Bewußtwerdung der eigenen Ängste, Gefühle und Phantasien in der Analytikerin während des analytischen Prozesses, sollte zu einer wichtigen Wahrnehmungsfunktion werden, jedoch keineswegs zur wichtigsten, da, wie oben erwähnt, die Gefahr bestünde, die Realität der Analysandin aus den Augen zu verlieren. Die Gegenübertragung soll der Analytikerin helfen, die Entstehungs- und Begründungszusammenhänge ihres therapeutischen Handelns und Deutens zu erkennen. Das allein ist maßgebend.

Es stehen sich also zwei Auffassungen der Gegenübertragung gegenüber. Die eine versteht Gegenübertragung als »blinden Fleck« bei der Analytikerin, welcher zu unbewußten Hemmungen führen kann. Die andere sieht die Gegenübertragungsgefühle als Schlüssel, um das Unbewußte der Analysandin zu verstehen. Der Widerspruch dieser zweiten Auffassung liegt darin, daß das Unbewußte eben gerade nicht unmittelbar zugänglich ist, sonst wäre es ja bewußt. Die unbewußten Irritationen, Lähmungen oder Stagnationen müssen erst über die Selbstanalyse der Analytikerin zugänglich gemacht werden und können in der Folge anhand von Probedeutungen, die keinesfalls immer richtig sind, überprüft werden.

Ich möchte einige Sequenzen aus Johannes Cremerius Studie über Freuds eigene Praxis mit der Gegenübertragung darstellen, um zu illustrieren, wie Freud selbst diese handhabte. In seiner Untersuchung »Freud bei der Arbeit über die Schulter geschaut« (1984: 326–363) macht Cremerius deutlich, wie diskrepant die theoretischen Schriften Freuds zu seinem tatsächlichen Arbeiten sind. Es handelt sich in Cremerius Arbeit um ein Konglomerat von Aussagen aus zwanzig Berichten von Analysandinnen und Analysanden, die bei Freud in Analyse waren.

Beim Lesen seiner Ausführungen wird schnell klar, daß Freud weit entfernt von seinem entworfenen Bild eines Analytikers mit Spiegelfunktion war, also neutral-distanziert. Im Gegenteil benahm er sich menschlich-nah und direkt, nahm oft Partei für seine Analysandinnen und Analysanden, ließ sich von ihnen »verführen« und umgekehrt, d.h. er verließ seine neutral-distanzierte Position und »verführte«. Er schien mit der Übertragung als wichtigstem psychoanalytischem Instrument kaum zu arbeiten und »berücksichtigte selbst massive Aktionen der Patienten nicht unter dem Aspekt der Übertragung« (ebd.: 329). Money-Kyrle, einer der Analysanden, erinnert sich nur an zwei Situationen während seiner Analyse, in denen Freud von Übertragungsdeutungen ausgegangen sei (ebd.).Und:

[...] auch die Aktion von H. Deutsch, die vom Mädchen Paula erfahren hatte, daß die »Frau Professor« eine Lungenentzündung habe, und daraufhin täglich Milch von zwei eigenen Ziegen im Hause Freud ablieferte, wird von Freud nicht als Übertragung aufgegriffen (ebd.: 330),

wie Cremerius bemerkt. In diesem Beispiel würde die Übertragung Deutschs in der Umsorgung des Ehepaars Freud bestehen, als ob diese ihre eigenen Eltern wären – und wäre vom psychoanalytischen Standpunkt aus ein Übertragungsangebot, das in der Analyse gedeutet werden müßte.

Wenn eine Analysandin oder ein Analysand Freud auf eines seiner Lieblingsthemen bringen konnte, entstanden längere Unterhaltungen darüber, bis Freud diese dann mit dem Satz beendete: »So, jetzt müssen wir wieder arbeiten.«

Mit Anonymität und Abstinenz ging er vollkommen unbekümmert um in seiner täglichen Praxis, seine Technik schien wenig systematisiert, sondern offen, unmittelbar lebendig, eher künstlerisch als in strengem Sinne wissenschaftlich.

Nach Cremerius Auswertung dieser AnalysandInnenberichte hat die unterschiedliche Bewertung der Analyse bei Freud »natürlich ganz zentral mit dem Übertragungs-Gegenübertragungsgeschehen zu tun« (ebd.: 353). Die beschriebenen Analysen waren extrem kurz für heutige Verhältnisse, sie dauerten nur wenige Monate bis ca. zwei Jahre. Die persönliche Motivation der Analysanden entsprang dem Wunsch, von Freud persönlich analysiert zu werden, wofür sie große Opfer brachten. Daraus kann man leicht folgern, daß diese Menschen mit einer positiven Übertragung kamen oder diese sich rasch einstellte, dadurch nahm die Analyse einen »guten« Verlauf. Die Analysanden waren zufrieden, vermutlich aber nie ganz von Freud abgenabelt. Die Kürze verhinderte es jedoch, mit einer extrem idealisierten (Bewunderung) oder auch negativen Idealübertragung (Autoritätsangst) erfolgreich umzugehen.

Lampl-de Groot, während eines Jahres eine seiner zwanzig Analysandinnen und Analysanden, war der Ansicht, daß Freud unterschieden habe zwischen der realen Beziehung und der Übertragungsbeziehung. In der einen sei er warmherzig und freundlich gewesen und habe auch seine eigenen Lebenserfahrungen mitgeteilt und in der anderen habe er strikte Neutralität gewahrt, welche während der Phasen der Widerstandsanalysen notwendig gewesen sei.

Freuds tatsächliches Arbeiten bewegte sich jenseits seiner eigenen Richtlinien. Nach Cremerius war Freud in der Praxis bereits weiter als in der Theorie:

> War für den Theoretiker Freud der Patient der Gegenstand, den ein perfekt beobachtender Analytiker, der außerhalb des Feldes stand, mit der psychoanalytischen Methode behandeln sollte, so impliziert der Praktiker Freud, daß der Gegenstand der Analyse ein dreifacher ist: der Analysand, der Analytiker und die Interaktion. In diesem Feld gilt es für beide, Verstehen zu erproben und neue Erfahrungen zu machen (ebd.: 361).

Dies gilt auch für die Analysandin, die Analytikerin und den Analyseprozeß.

Anhand dieser Studie wird klar, daß die Gegenübertragung von Freud der Übertragung der Analysandinnen und Analysanden vorausgeht (ebd.: 360). Die Übertragung wird somit durch die Analytikerin oder den Analytiker verändert und ist kein »autonom-endopsychischer Prozeß« (ebd.). Demnach ist die These, daß der Widerstand der Analytikerin den Widerstand der Analysandin evoziert, durchaus gerechtfertigt (Koellreuter, 1987).

Welche Bedeutung hat nun die Gegenübertragung in der gleichgeschlechtlichen Analysesituation? Welches sind die Ängste, die seitens der Analytikerin, aber auch der Analysandin, auftauchen können und unter Umständen abgewehrt werden müssen?

6.2. Das Fremde in der gleichgeschlechtlichen Beziehung

In den 70er Jahren entstanden durch die Diskussion über Themen wie Gewalt und weibliche Sexualität in der Frauenbefreiungsbewegung Projekte wie »Feministische Therapie« und »Feministische Psychoanalyse«, um der Frauenunterdrückung entgegenzutreten. Deren Grundgedanke war, daß Frauen Frauen besser verstehen können, sind sie doch alle Töchter von Müttern und haben *demzufolge ähnlich-*

vertraute Geschichten. Gleichgeschlechtlichkeit ist aber keine Garantie dafür, sich freier und besser mit Gewalt und Sexualität auseinandersetzen zu können, eher das Gegenteil ist der Fall: nämlich, daß sich das Angstmachende zwischen den zwei Frauen potenziert.

Thesenartig möchte ich hierzu formulieren: Die *gleiche Geschichte* wird dann verhängnisvoll, wenn die Analytikerin und die Analysandin dasselbe ausklammern: Lust und Begehren!

Tauchen in der Analyse zwischen zwei Frauen, wie oben erwähnt, Sexualität und Aggression als Themen auf, kann der Prozeß ins Stocken geraten. Über Sexualität und Wut tauschen sich die Frauen untereinander seit 25 Jahren aus. Die Publikationsflut zu diesen Themen wächst und wächst. Trotzdem: Gelöst ist nicht viel. Denn was sich dahinter verbirgt, ist weitaus schwieriger zu fassen: Es *ist die Angst vor dem Sexuellen, dem Triebhaften.* Nach Morgenthaler (1984) ist Sexualität die Organisation des Sexuellen, der Wünsche und Phantasien.

> Sprechen wir vom Sexuellen, im Gegensatz zur organisierten Sexualität, so meinen wir die Triebhaftigkeit im Es, also ein energetisches Potential, das dem Erleben ganz allgemein etwas Dranghaftes verleiht (ebd.: 137/138).

Begehren ist Leidenschaft und Lust: Lust am Sexuellen, Lust an der Erotik, Lust an der eigenen Körperlichkeit, Lebenslust. Begehren ist auch Vitalität, die beinhaltet, sich selbst lieben zu können, den eigenen Körper mit der großen Palette von Gefühlen besetzen zu können wie Freude, Verliebtsein, Zufriedenheit, Glück, aber auch Angst, Trauer, Verwirrtsein.

Die Frage ist nun, warum das Begehren, die Lust, also das Triebhafte – im Leben und oft auch im analytischen Prozeß – ausgeklammert werden und dadurch *fremd* bleiben muß.

Devereux (1984) meint, es sei das größte Problem des Menschen zu denken, daß es zwar einen Menschen gibt, aber zwei Geschlechter. Und so versuche der Mensch fortwährend, diese Tatsache des Fremden zwischen den Geschlechtern zu leugnen. Hinzuzufügen wäre: Auch die Tatsache des Fremden in der Gleichgeschlechtlichkeit wird verleugnet.

Fremd sind andere Kulturen und das andere Geschlecht (Erdheim, 1984). Und fremd ist das Unbewußte des andern sowie das eigene

Unbewußte (ebd.). Triebe sind im Unbewußten verankert und uns deshalb fremd. Es ist naheliegend, in diesem Zusammenhang vom Begriff des *Fremden* zu fremden Kulturen zu gelangen, und damit auch zur Ethnopsychoanalyse. Erdheim formuliert dies folgendermaßen: Wenn man das Fremde als das Unbewußte des andern sowie als das eigene Unbewußte betrachtet, kann man sagen: Indem man sich der Patientin oder der fremden Kultur zuwendet, wird man als Psychoanalytikerin oder als Ethnopsychoanalytikerin auf sich selbst zurückgeworfen. Das Fremde im anderen berührt das eigene Fremde oder Unbewußte. Die Analysandin wäre demnach die fremde Kultur, auf welche die Analytikerin sich einzulassen hat. Dazu eine Illustration.

6.3. Vignette: Konfrontation mit dem Fremden

Vor 10 Jahren reiste ich zum ersten Mal in meinem Leben nach Westafrika, Burkina Faso, um meine Schwester zu besuchen, die dort seit längerem lebt und arbeitet. Es ist ihr zweiter Aufenthalt, sie spricht inzwischen Dioula, die Verkehrssprache in Bobo-Dioulasso, und ist mit der fremden Kultur und den Menschen vertraut. Mit Hilfe ihrer Erzählungen bereitete ich mich auf diese fremde Kultur vor, so daß mir dadurch vieles ebenfalls vertraut vorkommt – allerdings: vertraut durch *sie* und *ihre* Schilderungen.

Die Ankunft in Afrika wird mir unvergeßlich bleiben. Nach Mitternacht lande ich, mit einigen Stunden Verspätung, auf dem Flughafen von Ouagadougou. Zum ersten Mal in meinem Leben befinde ich mich als einzige weiße Frau unter Hunderten von afrikanischen Männern. Morgens um zwei Uhr sind kaum Frauen anzutreffen. Die schwarze Nacht scheint mich noch weißer erscheinen zu lassen. Ein Freund von uns befindet sich in der Menschenmenge, um mich abzuholen. Er kommt mir wie ein Retter vor. Aufgeregt und vollkommen ungeübt schwinge ich mich mit meinem Rucksack auf den Gepäckträger seines Solex,[5] welches uns als Taxi dient, bemüht das Gleichgewicht zu halten. So brausen wir durch die dunkle Nacht zu seinem kleinen Restaurant. Ich habe an einem kleinen Tisch am Straßenrand auf seine

---

5 Motorfahrrad

Mahlzeit zu warten, die er mir zubereiten will: Rognons (Nierchen) und Kartoffeln. Ich beschließe, hungrig zu sein und alles, was ich nun serviert bekomme, gut zu finden. Es ist tatsächlich hervorragend. Da sitze ich nun, im Dunkeln der Nacht, mit einem Glücksgefühl, hier in Afrika zu sein. Zugleich spüre ich, wie eine diffuse Angst langsam hochzukriechen beginnt, die ich aber schnell ignorieren kann.

Am andern Morgen in der Frühe: lange Busfahrt nach Bobo-Dioulasso, der Stadt, in welcher meine Schwester lebt und arbeitet. Sie soll mich abholen. Da ist sie denn auch, die einzige weisse Frau unter den vielen schwarzen Menschen am Busbahnhof.

Wir gehen zu ihrem Hof, einem Grundstück mit vielen Wohneinheiten, in welchem sie, zusammen mit ca. sechzig Erwachsenen und Kindern aus drei Generationen, wohnt. Vor dem Hofeingang nimmt sie mir zu meiner allergrößten Verwunderung plötzlich mein Gepäck ab und trägt es in den Hof hinein. In meinem Tagebuch lese ich: Ich weiß nicht, ob sie dies bewußt tut. Jedenfalls erklärt sie mir: Als meine »petite soeur«, die sie ja ist, sei sie verpflichtet, mir mein Gepäck zu tragen, mir jeweils einen Stuhl zum Sitzen zu besorgen, mir überall den Vortritt zu lassen usw., kurzum: mich zu bedienen. Wir kichern. Meine kleine Schwester soll mich bedienen? Kaum angekommen, gibt es eine Mahlzeit unter den Bäumen. Als Gäste essen wir in der Männerrunde, die Frauen befinden sich unter einem andern Baum für sich.

Als »grande soeur de C.« werde ich von morgens bis abends beobachtet, es wird registriert, mit welcher Unbeholfenheit ich versuche, mit den Fingern zu essen, was entsprechend Heiterkeit auslöst; es wird registriert, mit welcher Häufigkeit ich über den Hof gehe, um die Toilette aufzusuchen; und es wird die Art registriert, mit welcher ich meinerseits die Leute zur Kenntnis nehme, usw. Und immer wieder die Frage: »Warum sprichst du nicht auch Dioula wie C.?«

Ich habe die Begrüßungsformeln schon vor langem in der Schweiz gelernt, stelle aber mit Schrecken fest, daß sie mir abhanden gekommen sind. Ich befinde mich in einem Trancezustand. Die immer wieder von neuem aufsteigende diffuse Angst vergeht jeweils so schnell, wie sie gekommen ist. Die ersten Tage sind mit Aktivitäten wie Begrüßungsbesuchen und Festen (Taufen und Hochzeiten) gefüllt. Und immer wieder wir, die zwei weißen Frauen, unter Hunderten von schwarzen Frauen und Männern.

Ich verliere in diesen ersten Tagen vollkommen das Gefühl für mich selbst, für meine Bedürfnisse. Aber ich realisiere es nicht. Alles nehme ich durch einen Nebel wahr, wie in einem Traum, bei welchem ich Zuschauerin war. Ich folge C. überall hin und tue, was sie tut: Wenn sie Zähne putzt, hole ich meine Zahnbürste und tue es auch; wenn sie sich auf den Weg zur Toilette macht, achte ich darauf, wie viele Blätter Toilettenpapier sie mitnimmt, und gehe auch und nehme ebenso viele mit. Wenn sie Hunger hat, habe ich ebenfalls Hunger und esse dasselbe. Es ist, als ob ich mich verloren hätte.

Am vierten Tag sinke ich erschöpft auf die Matratze und erkläre ihr, es geht nicht mehr, ich kann nicht mehr. Aber was genau ich nicht mehr kann, ist mir nicht klar. Ich habe massivste Kopfschmerzen seit meiner Ankunft vor vier Tagen und empfinde von Stunde zu Stunde die einfachsten täglichen Verrichtungen als eine riesige Anstrengung. C. ist besorgt und beginnt zu überlegen. Sie erklärt mir sehr vorsichtig und behutsam: Seit ich angekommen sei, spüre sie ein eigenartiges Schattengefühl, meine Bewegungen als unablässige Repetitionen der ihrigen. Und plötzlich, wie eine Eingebung, ruft sie: »Weißt du was? Du hast einen Kulturschock!« Ich spüre, ganz langsam aber stetig, eine Entspannung eintreten, obwohl mir im Moment nicht klar ist weshalb. Es ist wohl das Benennen dieses geheimnisvollen und ängstigenden Zustandes. Allmählich bin ich wieder in der Lage, die vielen Leute voneinander zu unterscheiden und registriere, daß mein WC-Rhythmus nicht unbedingt der Gleiche ist wie derjenige von C.

Was mir im nachhinein den größten Eindruck hinterließ, war, mit einer Seite von mir in Kontakt gekommen zu sein, die ich in dieser Weise nicht kannte, die mir buchstäblich *fremd* war: nämlich unter speziellen Bedingungen nicht mehr funktionieren zu können. Alles, was bisher Gültigkeit hatte, zählte in Afrika nicht mehr.

Mein Kulturschock betraf zweierlei. Einerseits war es die Konfrontation mit der anderen fremden Kultur und andererseits die Konfrontation mit meiner »petite soeur« in dieser anderen Kultur, eine doppelte Konfrontation. Die Paradoxie bestand darin, daß meine Schwester entsprechend den kulturellen Regeln in Bobo die »petite soeur« war, genauso wie sie es in Zürich ist. Doch die Erfahrungen mit der fremden Kultur, die sie mir voraus hatte, machten sie plötzlich zur »grande soeur«. Aber zu spielen hatte sie dort *die Rolle der kleinen Schwester*, und gleichzeitig *fühlte ich mich* im Verhältnis zu ihr *wie die kleine Schwester*. Unsere lebenslang eingespielten vertrauten Rollen und Muster von kleiner und großer Schwester waren erstmals vertauscht, ja kamen aus den Fugen, was unser schwesterliches Verhältnis grundlegend verändert hat.

In der Ethnopsychoanalyse ist die Konfrontation mit dem Fremden einer anderen Kultur scheinbar direkter erfaßbar als in der Psychoanalyse das Unbewußte. Aber in beiden Situationen wird man als Forscherin oder Analytikerin auf sich selbst zurückgeworfen.

6.4. Die Analysandin als fremde Kultur

Das Fremde, das Unbekannte, löst aber nicht nur Angst, es löst auch Neugierde aus. Ein dialektischer Prozeß, eine Wechselwirkung zwischen den zwei Polen Angst und Neugierde wird eingeleitet. Die Überwindung des Kulturschocks in einem fremden Land ist ein Sicheinlassen-können auf die Angst und bedeutet, diese psychisch und physisch zuzulassen und damit faßbar zu machen. Die Angst löst sich so nicht auf, aber sie ist bewusst geworden. In der Folge ist eine entspanntere Auseinandersetzung in der fremden Kultur möglich.

Der *Kulturschock* mit dem anderen Geschlecht geschieht in der Adoleszenz oder in der ersten Liebesbeziehung. Das heißt, daß für mich als Frau und Analytikerin die Erfahrung eines unüberwindlichen Grabens, oder eben des Fremden, in bezug auf das andere Geschlecht schon lange da ist. Ebenso die Erfahrung, daß ich als Frau letztlich etwas vom Mann grundsätzlich nie verstehen werde.

Dies ermöglicht mir, mich auf die Situation einzulassen, so wie sie ist. In der Analysesituation mit einem männlichen Analysanden kann ich hellhörig sein wie in einer fremden Kultur. Paradoxerweise ist es gerade das Bewußtsein, daß ich *kein* Mann oder keine Afrikanerin bin, daß also unüberwindbare Schranken da sind, die es mir ermöglichen, mich auf ein emotionales Geschehen einzulassen. Ganz im Sinne von Morgenthaler (1978) werde ich auf meine eigene Beschränktheit, meine eigenen Grenzen zurückgeworfen, die es zu akzeptieren gilt. Das heißt, neu auftauchende Angstmomente nicht auszuschließen, sondern in der dauernden Konfrontation mit dem Fremden im anderen oder in der anderen und mit dem eigenen Fremden anzunehmen. Der Graben zu einer anderen Kultur oder zum anderen Geschlecht ist unüberbrückbar und sichtbar da. Es ist ein Graben, der Distanz schafft und zugleich die Möglichkeit gibt, sich einzulassen auf unbewußte emotionale Bewegungen (Morgenthaler, 1986).

Wie verhält es sich nun mit dem Fremden beim gleichen Geschlecht? Was geschieht in der gleichgeschlechtlichen Beziehung anderes als in der gegengeschlechtlichen? Bei Frauen verschleiert die Tatsache des gleichen Geschlechts, des gleichen Körpers, der *gleichen Geschichte*, daß auch hier etwas Fremdes, ein Graben besteht. Die Distanz fehlt. Es gibt keinen äußeren Anlaß für einen *Kulturschock* bei Frauen. Damit fehlt auch das Bewußtsein der eigenen Grenzen oder Beschränktheit und der Grenzen der anderen. Das Fremde wird so ausgeklammert. Überfallsartig kann sich das Fremde auf einer anderen unbewußten Ebene bemerkbar machen und Angst und Hilflosigkeit auslösen, die zu den erwähnten Lähmungen und Stagnationen führen können. Das eigene Fremde oder Unbewußte der Analytikerin vermischt sich mit dem Unbewußten der Analysandinnen. Im Umgang mit Frauen wird das eigene schwer faßbare Unbewußte der Analytikerin diffuser berührt als im Umgang mit Männern. Bei Männern bekommt das Fremde durch die unübersehbare Differenz des Geschlechts eine andere Dimension, wird faßbarer, und dadurch angstfreier. Hier kommt das Homosexualitätstabu zum Tragen. Verführungen durch das andere Geschlecht sind vertraut und kulturell sanktioniert. Verführungen durch das gleiche Geschlecht sind es nicht.

Die andere Kultur, das andere Geschlecht konfrontiert die Analytikerin mit der eigenen Einsamkeit, mit den eigenen Grenzen. Umgekehrt gibt die eigene Kultur, das eigene Geschlecht der Analytikerin die Illusion, weniger einsam zu sein. Die Grenzen zwischen Frauen, d.h. innerhalb des gleichen Geschlechts, sind schwerer zu erkennen. Die Versuchung, diese zu übersehen, entspringt einerseits der frühen Mutter-Tochter-Beziehung, andererseits dem Homosexualitätstabu, das Differenz, welches Begehren auslöst, nicht zuläßt.

7. Das sexuelle Rätsel in der Übertragung

Analytiker: Sie halten mich für einen anderen. Ich bin nicht derjenige für den Sie mich halten.
Analysierter: Aber gerade dieser andere der ursprünglichen Beziehung war nicht derjenige, für den ich ihn hielt. Deshalb habe ich guten Grund, Sie für einen anderen zu halten (Laplanche, 1996: 177).

Analytiker: Ja, Sie können mich für einen anderen halten, weil ich nicht das bin, was ich zu sein glaube; weil ich das andere in mir respektiere und aufrechterhalte (ebd.: 193).

7.1. Das sexuelle Rätsel

Die Zitate stammen aus Laplanches jüngster in deutsch erschienener Publikation. Seine Gedankengänge sind deshalb von Interesse, weil sie die Triebdynamik im Analyseprozeß verstehbar machen. Dabei spielt es keine Rolle, ob von gegengeschlechtlichen oder gleichgeschlechtlichen Analysesituationen ausgegangen wird. Das Triebhafte, das Sexuelle, zeigt sich in jedem Fall, ob verdrängt oder nicht.

Die Dialogsätze illustrieren präzise seine Urverführungstheorie, die er in früheren Jahren formulierte (vgl. auch Kapitel 4.2.) und die er nun in die Übertragungssituation einbettet. Er unterscheidet dabei die Analyse *an der* Übertragung von der Analyse *in der* Übertragung.[1] Während Freud die Übertragung als Übertragung von ungelösten unbewußten Konflikten sah, die zur Neurose führen, und dementsprechend *an* der Übertragung arbeitete, sieht Laplanche *in* der Übertragung zwischen Analysandin und Analytikerin[2], d.h. in der analytischen Situation, die größere Relevanz.

Die ersten beiden Dialogsätze des obigen Zitates beinhalten eine sogenannte »Konfrontationsdeutung« der Übertragung. Sie meinen

---
1 Wie dies auch J. Körner (1989) formuliert in: Die Arbeit an der Übertragung? Arbeit in der Übertragung!
2 Die Analytikerin steht im Zentrum meiner Überlegungen, deshalb habe ich die weibliche Form gewählt.

das Arbeiten *an* der Übertragung im Freudschen Sinne.

Wie wir wissen, stellt sich oft schon vor dem ersten Gespräch, vielleicht schon vor dem Telefonanruf zum ersten Gespräch, die Übertragung ein. Laplanche nennt dies die »Grundübertragung« oder das »Milieu« (Laplanche, 1996: 180) der Analyse. Dies nimmt man nicht wahr, man gewöhnt sich daran und bemerkt es erst, wenn sich offenkundige Veränderungen zeigen. Die Idee, daß Übertragung sich einstellen, entwickeln und verschwinden müsse, habe sich verwischt. Was er von solchen Vorstellungen hält, formuliert er in seinen prägnanten Worten:

> Die Übertragung deuten: sie vorwärts treiben. Die Vorstellung von einer *Lösung* der Übertragung, bei Freud so vorherrschend und sehr lange Zeit gegenwärtig in der Analyse, scheint uns nicht mehr vorrangig zu beschäftigen. Vielleicht nicht zu Unrecht: Die Übertragung auflösen, bedeutet das nicht, den Ast absägen, auf dem man sitzt? Die Analyse ist Analyse bis zur letzten Sekunde, was impliziert, daß sie, bis zur letzten Sekunde, Übertragung ist. Nicht zu Unrecht? Aber auch nicht ganz zu Recht: Wenn die gleichsam augenblickliche Auflösung der Übertragung als »Illusion« in unseren Tagen den Platz räumen soll für eine Art von fortschreitendem Verschwinden der Grenzen der Analyse, gibt es eine Aufweichung, die zu oft in solchen Beendigungen der Analyse verkörpert ist: Man geht zu zwei Sitzungen über; man geht zu einer Sitzung über; warum nicht zu einer halben oder einer viertel Sitzung? Man geht vom Liegen zum Sitzen über, warum nicht, als Karikatur, eine Couch mit Handkurbel, die den Patienten immer mehr dazu bringen würde, sich zu setzen? (ebd.: 181).

Das Problem der Beendigung einer Analyse zeigt immer auch das Problem der ganzen Analyse: nämlich, daß das Außergewöhnliche der Analyse ins Gewöhnliche, die psychoanalytische Übertragung in die psychologische Übertragung von Gewohnheiten überführt werden muß (ebd.: 182).

Was ist das Außergewöhnliche der Analyse? Es ist das Sexuelle oder die triebhafte Nähe in der analytischen Beziehung, die bis zur letzten Stunde besteht und aufrecht erhalten werden muß. Denn werden die Analysestunden von der hochfrequenten Dichte zu allmählich weniger Wochenstunden »verdünnt«, dann ist wohl auch mit einer Verdünnung des Sexuellen zu rechnen, falls es vorhanden war. Oder anders ausgedrückt: Das Sexuelle, das Fremde – oder auch: das nicht-Lösbare – wird auf diese Weise eliminiert, d.h., das Spezielle wird ins Alltägliche zurückgeführt.

Trotzdem betont Laplanche, daß es für ihn nicht in Frage kommt, die Grundpraxis der Freudschen Übertragung rücksichtslos zu reformieren. Denn der Kernpunkt bleibt für ihn bestehen, nämlich, daß es sich in der Übertragung primär um Sexuelles, d.h. Triebhaftes, handelt, auch wenn dieser Kernpunkt von Freud nicht gut begründet worden ist, sondern Intuition und gelebte Erfahrung darstellt. Dieser Kernpunkt sei der »unvergleichliche Charakter dessen, was in der Analyse vor sich geht.« Und:

> Mit diesem außergewöhnlichen Charakter bleibt die Gewißheit verbunden, daß es sich um Sexuelles handelt, und nicht nur um eine psychologische Übertragung im allgemeinen (ebd.: 182).

Wenn im weitesten Sinne alles Übertragung wäre, dann würde die analytische Übertragung, aufgelöst in der »psychologischen« Übertragung für immer ihre Eigenart verlieren (ebd.: 186).

> Nun geht es unserer Meinung nach nicht um eine solche Psychologisierung, eine solche Verallgemeinerung der Übertragung, sondern um die Forderung, eine Verwandtschaft zu finden zwischen dem, was in der Kur das Spezifischste ist, und dem was nicht überall, sondern an ausgewählten und unabhängig von ihr existierenden Orten geschieht (ebd.: 186).

Es geht Laplanche in der Übertragung um die Beziehung zum Rätsel des anderen (siehe auch 3. Kapitel). Aber zuvor stellt sich die Frage, was die Analyse anbieten kann, was die psychoanalytische Situation ausmacht. Er schlägt drei Funktionen der Analytikerin und dessen, was sie bewirkt, vor (Laplanche, 1996)[3]. Erstens müsse sie Garantin der Konstanz sein, d.h. die Regeln des analytischen Settings einhalten. Zweitens ist sie Steuerfrau der Methode und Begleiterin des Primärvorganges. Steuerfrau der Methode heißt, sie kennt die Technik der Psychoanalyse, das Analysieren, das Zerlegen. Die Steuerung der Zerlegung folgt den Strömungen des Primärvorganges, das heißt, den unbewußten Bewegungen im Es. Nur die Garantie der Konstanz (erste Funktion) und die Steuerung der Technik macht die Befreiung von psychischen Energien möglich (zweite Funktion).

Die dritte Funktion besteht darin: Die *Analytikerin ist Hüterin des Rätsels und Provokateurin der Übertragung* (ebd.: 192), womit wir wieder am Ort der Urverführung angelangt wären.

---

3 und in »Nouveaux fondements«, 1994: 151–160

Der dritte Dialogsatz zu Beginn dieses Kapitels unterscheidet sich von den ersten beiden darin, daß in ihm die eigene Fremdheit der Analytikerin, d.h. das eigene sexuelle Rätsel, zum Ausdruck gebracht wird. Laplanche sagt dazu:

> Es ist die Aufrechterhaltung der Dimension der inneren Alterität, die die Aufrichtung der Alterität in der Übertragung möglich macht. Innere Beziehung, Beziehung zum Rätsel, »Beziehung zum Unbekannten«: »Wenn die Beziehung ausreichend frei ist, wird sie für den Analytiker zum Träger seiner Verfügbarkeit gegenüber seiner eigenen psychischen Realität, seiner Theorie und gegenüber seinen Analysanden. Ihnen sichert sie den Zugang zur Verschiedenartigkeit ihrer Begehren«. (ebd.: 193. Zitat von G. Rosolato »La Relation d'inconnu«, 1978: 15).

Die Aufrechterhaltung der inneren Alterität, d.h. das Bewußtsein über das eigene innere Fremde, ermöglicht und sichert so nicht nur den Weg zur Verschiedenartigkeit der Begehren, sondern erzeugt, ja provoziert die Übertragung (ebd.: 194).

7.2. »Gefüllte Übertragung, hohlförmige Übertragung«[4]

Die analytische Situation selbst ist Übertragung, und zwar in dem Sinne, daß sie eine ursprüngliche Situation wiederherstellt.[5] Auf die Frage »Was tun mit der Übertragung?«[6] gäbe es nach Laplanche diverse Möglichkeiten: Man könne sie gebrauchen,[7] man könne sie interpretieren, um sie aufzulösen, oder aber, man könne sie interpretierend vorantreiben. Was immer die Optionen in der Praxis seien, die Freudsche Grundidee bleibe unverändert: Es handelt sich um die Aufrechterhaltung des Sexuellen in der Übertragung!

Das bedeutet, daß es darum geht, dem Sexuellen, Triebhaften Raum zu geben, was mit Laplanches Worten nur möglich ist über die

---

4 Französisch: »transfert en plein«, »transfert en creux«. In: J. Laplanche, 1994: 156 ff. Ich beziehe mich im folgenden auf J. Laplanches »Nouveaux fondements«, die nicht auf deutsch übersetzt sind.
5 réinstaure (ein adäquater deutschsprachiger Ausdruck existiert nicht)
6 »Que faire ave c le transfert?« In: J. Laplanche, 1996: 192
7 »utiliser«

Aufrechterhaltung der Dimension der inneren Alterität. Oder anders ausgedrückt: über das Aushalten des eigenen Fremden, Triebhaften.

Die »gefüllte« und die »hohlförmige« Übertragung finden nebeneinander statt. Die Neutralität der Analytikerin bietet sich als Höhlung an, d.h., sie weigert sich zu wissen, und sie weigert sich, das Gute ihrer Analysandin zu kennen (Laplanche, 1996: 193). Die Analysandin kann dort ihre »Füllsel« oder ihr »Hohles« (ebd.: 194)[8] deponieren. Füllsel (»le plein«) beinhalten die Wiederholungen und Verhaltensweisen, von Beziehungen, von infantilen Imagines. Auch das Hohle (»le creux«) ist eine Wiederholung, aber die in der Übertragung wiederholte infantile Beziehung ist mit dem sexuellen Rätsel besetzt, das früher nicht zu decodieren war und es auch in der Übertragung nicht ist. Gefüllte und hohlförmige Übertragung bestehen nebeneinander. Es geht also nicht darum, das eine gegen das andere abzuwägen. Trotzdem betont Laplanche, wenn nur die »gefüllte Übertragung« stattfände, dann bestünde die Gefahr, niemals aus dieser herauszufinden. Interpretationen der Analytikerin wie »Sie schreiben mir Verhaltensweisen Ihrer Mutter zu«, oder: »Ich bin nicht Ihre Mutter« würden zum Bestreiten der Analysandin führen und im folgenden zur Projektion im Sinne von: »Das habe nicht ich gesagt, das haben Sie gesagt.« »Die Projektion ist das Kreuz der Analytikerin, sie (die Projektion, AK) ist das Kreuz von unlösbaren Übertragungen« (Laplanche, 1994: 157, Übersetzung AK).

Ich fasse zusammen: Es existieren die gefüllte und die hohlförmige Übertragung nebeneinander. Die gefüllte Übertragung ist diejenige, die von Freud als typische Übertragungssituation beschrieben wurde, welche in der Wiederholung archaischer Situationen besteht, die als Füllsel bei der Analytikerin deponiert werden. Die hohlförmige Übertragung, welche sich in ständiger Wechselwirkung mit der gefüllten Übertragung befindet, bedeutet, daß das Hohle der Analysandin in der »Höhlung« (Laplanche, 1996: 194) der Analytikerin untergebracht wird. Die Höhlung der Analytikerin ist »die innere wohlwollende Neutralität unserem eigenen Rätsel gegenüber« (ebd.: 194), d.h., letztlich sind wir (Analytikerinnen) uns fremd und dieser unserer eigenen Fremdheit gegenüber offen. Bringt die Analysandin ihr Hohles in

---

8 gemäß deutscher Übersetzung, die Udo Hock vorgenommen hat

die Höhlung der Analytikerin, so heißt das: Sie bringt in der Höhlung der Analytikerin ihre eigene Höhlung unter, d.h. das Rätsel ihrer ursprünglichen infantilen Situation wird bei der Analytikerin deponiert, ohne gedeutet zu werden. Das ist die hohlförmige Übertragung.

In der feministischen Literatur und Praxis ist oft vom (symbolischen) Raum der Analytikerin die Rede, welchen sie der Analysandin zur Verfügung zu stellen hat. Ob sich die Bedeutungen von Laplanches »Höhlung« mit dem feministischen »Raum« decken, ist nicht ganz klar. Würde Laplanches Höhlung als sexuell bezeichnet und der feministische Raum als narzißtisch, dann wären die Bedeutungsübergänge fließend, d.h. beide triebhaft besetzt. Wird der feministische »Raum« jedoch als Raum zur Restaurierung des beschädigten Selbst verstanden, dann stehen sich die beiden Auffassungen diametral gegenüber.

Die Analysandin muß sich einquartieren können, sagt Laplanche, »um sich dort zu öffnen, aber auch um sich dort zu analysieren« (ebd.).

> Analyse, das heißt die *Lösung*. Ich komme noch einmal auf diese Definition Freuds zurück: die Analyse ist vor allem eine Zugangsmethode zu den unbewußten Prozessen. *Lösung* [...] ist leider ins Französische unübersetzbar. Es gibt keine Auflösung der Übertragung als solcher, es gibt eine Lösung oder Auflösung der gefüllten Übertragungen in die hohlförmige Übertragung (ebd.: 195, *Hervorhebung im Original*).

Übertragungen verlaufen zyklisch und sind nie beendet. Das heißt, die hohlförmige Übertragung ist eine Höhlung, die sich in einer anderen Höhlung einquartiert. Und beide Höhlungen enthalten die rätselhaften sexuellen Botschaften der jeweiligen Kindheit, die dem Kind vom Erwachsenen übermittelt wurden, sexuelle Rätsel, die der Erwachsene seinerseits nicht zu decodieren imstande ist.

Schließlich stellt sich die Frage, was mit der hohlförmigen Übertragung am Ende einer Analyse geschieht. Dazu sagt Laplanche, daß die Analysandin ihre »Übertragungs«möglichkeiten (ebd.: 195), welche sie in der Analyse gewonnen habe, an Orten innerhalb und außerhalb der Analyse anwenden und so ihr individuelles Schicksal bestimmen könne. Denn:

> Die *hohlförmige Übertragung* ist nicht das Resultat einer Entwicklung oder eines Prozesses. Sie ist nicht nach den Kriterien von Normalität und Anormalität meßbar. Sie ist *die Grundlage der Übertragung, ihre irreduzible Dimension von Alterität* (ebd.: 200, Hervorhebung AK).

Mit der »irreduziblen Dimension von Alterität« ist die unlösbare Dimension der eigenen Fremdheit gemeint. Oder anders formuliert: die nicht änderbare Tatsache, nicht Herrin im eigenen Hause zu sein. Dies impliziert immer wieder von neuem, daß das Triebhafte, das Fremde in der Wechselwirkung von Übertragung und Gegenübertragung zum Vorschein kommen muß. Geschieht dies nicht, kommt es zur Spaltung. In der Abspaltung der eigenen inneren Fremdheit (Alterität) liegt die Angst vor der äußeren Alterität, d.h. vor dem Fremden in der anderen begründet. Bekannt sind uns die Abwehrmechanismen des Fremden, des Sexuellen, in Form von Überwindung der Differenz oder Angleichung an die andere; oder der umgekehrte Mechanismus: die andere wird ausgesondert oder auch vernichtet. Die abgespaltene Angst vor dem eigenen Fremden ist nicht mehr spürbar, damit einhergehend aber auch nicht mehr die sexuelle Lust.

Wird die innere Alterität bewahrt, das heißt die Beziehung zum Unbekannten ausgehalten, dann ist auch Lust und Begierde möglich. Denn: »Die Lust aber, die wir kennen, die gründet auf der Entfremdung, ist auf Verbote und Angst verwiesen. Natürlich ist sie nicht« (Sigusch, 1984: 40).

7.3. Triebregungen im Es

> Sie erwarten nicht, daß ich Ihnen vom Es außer dem neuen Namen viel Neues mitzuteilen habe. Es ist der dunkle, unzugängliche Teil unserer Persönlichkeit; das wenige, was wir von ihm wissen, haben wir durch das Studium der Traumarbeit und der neurotischen Symptombildung erfahren und das meiste davon läßt sich nur als Gegensatz zum ich beschreiben. Wir nähern uns dem Es mit Vergleichen, nennen es ein Chaos; einen Kessel voll brodelnder Erregungen [...]. Von den Trieben her erfüllt es sich mit Energie, aber es hat keine Oranisation, bringt keinen Gegenwillen auf, nur das Bestreben, den Triebbedürfnissen unter Einhaltung des Lustprinzips Befriedigung zu verschaffen. Für die Vorgänge im Es gelten die logischen Denkprozesse nicht, vor allem nicht der Satz des Widerspruchs [...]. Selbstverständlich kennt das Es keine Wertungen, kein Gut und Böse, keine Moral (Freud, 1932: 80).

Fritz Morgenthaler (Morgenthaler, 1984: 137–165) folgt Freuds Gedankengängen und ergänzt sie mit seinen Vorstellungen über das Sexuelle, welche im 1. Kapitel besprochen wurden: »Das Sexuelle ist die Triebhaftigkeit, die sich in Triebregungen äußert« (ebd.: 137), welche dem Primärprozeß folgen. Abgesehen von Laplanche hat wohl kein Autor das triebhafte, sexuelle Geschehen derart klar formulieren können wie Morgenthaler. Von ihm stammen denn auch die allerorts zitierten Formulierungen über die Bewegungen in den Triebregungen, welche in der Emotionalität sichtbar und spürbar werden.

In ähnlicher Weise wie Laplanche unterscheidet er zwei Arten von Übertragungen. Nach ihm werden Triebregungen in der Analyse als Übertragungen bezeichnet, wobei diese aber nicht als Ausdruck des Sexuellen beschrieben werden (ebd.: 139), sondern sich in der bereits organisierten Form, den erotischen Besetzungen zeigen. Das wäre die sekundäre Organisation, welche Laplanche als Arbeit »an« der Übertragung bezeichnet. Die primärprozeßhaften Vorgänge, die sich bei Analytikerin und Analysandin abspielen, werden leicht übersehen. Sie sind in der emotionalen Bewegung in der analytischen Situation spürbar, zutiefst unbewußt, und entziehen sich somit dem Verstehbaren, dem logischen Denken, der Sprache und der Schrift. Deshalb sind sie auch nicht zu interpretieren oder zu deuten, sondern nur als etwas schwer Faßbares wahrzunehmen, sagt Morgenthaler.

Die Verbindung zu Laplanche ist dort herzustellen, wo im Primärprozeß das »sexuelle Rätsel«, die nicht-decodierbaren Botschaften der Mutter, angesiedelt werden. Dies findet in der frühesten Kindheit, in welcher die Sprache sich noch nicht formiert hat, statt.

Wie sich dies in der Analysesituation zwischen zwei Frauen zeigt, ist Inhalt des letzten Kapitels.

8. Stagnationen im Analyseprozeß

Der rote Faden, der sich durch Theorie und Praxis hindurchzieht, bleibt im Sexuellen, im Triebhaften, als letztlich etwas nicht Faßbarem und dadurch auch nicht Lösbarem bestehen. Als Kernpunkt bleibt: das Fremde, Nicht-Faßbare wird verdrängt. Anhand von Stagnationen wird diese Verdrängung im Analyseprozeß erkennbar.

Die Vorstellung, daß über die Gegenübertragungsanalyse die Analytikerin Unbewußtes in Bewußtes umsetzen und so deuten kann, impliziert die Arbeit »an« der Übertragung und läßt den anderen Teil, nämlich die Arbeit »in« der Übertragung, in den Hintergrund treten, wenn nicht gar verschwinden. Oder anders gesagt: »An« der Übertragung läßt sich über Sexualität verhandeln, »in« der Übertragung macht sich das Sexuelle breit, das bei unbewußter Triebabwehr zu Irritationen und Sprachlosigkeit im Analyseprozeß führen kann.

Wie im 7. Kapitel dargestellt wurde, sind im Übertragungsprozeß immer primärprozeßhafte Vorgänge (Morgenthaler) im Spiel, oder das sexuelle Rätsel der Urverführung (Laplanche) wird reproduziert. Das heißt, das Sexuelle, das Triebhafte ist in der analytischen Situation auf beiden Seiten im Spiel, wird aber leicht übersehen oder weggeschoben, eben: verdrängt. Denn wenn von der »erotischen Übertragung« gesprochen oder geschrieben wird, kann man sagen: Das Sexuelle ist bereits sekundär organisiert, d.h. der bewußten Wahrnehmung zugänglich und damit faßbar. Daneben bleibt aber das Unorganisiert-Sexuelle, das sich in der emotionalen Bewegung zwischen Analysandin und Analytikerin zeigt.

Wenn nun das Vorhandensein der eigenen Fremdheit, des eigenen nicht-decodierbaren Rätsels für die Mutter wahr ist, wie wir im 3. Kapitel gesehen haben, dann gilt dies auch für die Analytikerin. Das Bewußtsein über das eigene innere Fremde, ermöglicht und sichert so nicht nur den Weg zur Verschiedenartigkeit der Begehren, sondern erzeugt, ja provoziert die Übertragung in der Analyse (Laplanche, 1996: 194). Triebhafte Nähe wird so möglich.

8.1. Verführungen in der Frau-Frau-Analyse (Fallvignette)

Wer verführt nun wen zu einer Analyse? Als Analytikerin verführe ich, indem ich mich als Übertragungsempfängerin der infantilen Beziehungen der Analysandin zur Verfügung stelle. Ich bin aber auch die Verführte. Denn oft ist mir nicht klar, weswegen ich gerade diese Analysandin in Analyse nehme und die andere nicht. Die Vorstellung, daß über die Gegenübertragungsanalyse die Analytikerin Unbewußtes in Bewußtes umsetzen und so deuten kann, wäre ein Hinweis darauf, daß sie das eigene Fremde oder Triebhafte abwehren muß.

Die Idee, die kleine Tochter, oder später in der Analysesituation die Analysandin, funktioniere *unbewußt* und die Mutter, oder die Analytikerin, sei sich ihres Handelns immer bewußt, läßt die unbewußte triebhafte Dimension in dieser Beziehung verschwinden. Von Verführung, von sexueller Interaktion kann dann keine Rede mehr sein. Die Erotik ist nicht in Worte zu fassen. Es sind die Phantasien, welche durch die nicht-decodierbaren, rätselhaften sexuellen Botschaften geformt werden. Diese Phantasien sind die Voraussetzung für das Denken, für das Forschen und Suchen, für das Wissen-Wollen, wer wir sind.

Zur Fallvignette

Vor Jahren führte ich Abklärungsgespräche mit einer Frau, die sich nach einer dreijährigen mißglückten Therapie zu einer Analyse entschlossen hatte. Sie war um die 30, Soziologin und zum damaligen Zeitpunkt arbeitslos. Eine Fabrikantentochter und Feministin – so stellte sie sich mir vor. Am Ende der ersten Gesprächsstunde, welche Beziehungsprobleme mit ihrer langjährigen Lebenspartnerin zum Thema hatte, sagte sie, sie käme unter folgenden zwei Bedingungen zu mir in Analyse: Erstens wolle sie, daß wir uns »du« sagten, sie sei mit allen Frauen per Du, das »Sie« unter Frauen empfinde sie als fremd, eigenartig. Die zweite Bedingung sei, daß ich sie als Lesbe akzeptieren müsse. Ich antwortete ihr, das Duzen käme für mich nicht in Frage, denn es ginge nicht darum, eine Freundschaft aufzubauen, sondern eine Analyse zu machen. Das »Sie« gäbe uns den nötigen Raum dafür. Mit dem zweiten, sie als Lesbe zu akzeptieren, damit hätte ich keine Probleme. Relativ gereizt verließ sie die Stunde. Ich dachte mir: Sie kommt bestimmt nicht wieder...

Aber sie kam zum vereinbarten nächsten Termin. Ihre Bemerkung zu Beginn der Stunde betraf meine klare Ablehnung, uns »du« zu sagen. Sie meinte, ich hätte wohl Nähe-Distanz-Probleme und sei deshalb gegen das Duzen, aber damit könne sie leben... Wichtig sei ihr, daß ich sie als Lesbe akzeptiere. Ich spürte ein diffuses Gefühl von Unbehagen, spürte, daß etwas nicht stimmig war, konnte jedoch nicht eruieren, was.
Wir begannen mit der Analyse.

Die erste Zeit war gefüllt mit ihren aktuellen Problemen: Beziehungsschwierigkeiten und Ablösung von ihrer Lebenspartnerin, Arbeitssuche und Antritt der neuen Arbeitsstelle, ihr Coming-out in der Familie mit all den damit verbundenen Problemen usw. Geprägt war diese Zeit auch von depressiven Verstimmungen, Antriebslosigkeit, Lebenssinnfragen und ihrer unsicheren Identität.

Meinerseits empfand ich zunehmende Lähmung und Stagnationen in den Stunden, obwohl sie und ihre Geschichte mich interessierten und ich den gegenseitigen Zugang zueinander deutlich wahrnahm. Es geschah nicht nichts. Aber die stagnierenden Momente irritierten mich zunehmend.

Nach etlichen Monaten kam in der Kontrollanalyse, die mich lange Zeit auch nicht weiterbrachte, plötzlich die erste Stunde zur Sprache: die beiden Bedingungen der Analysandin und meine Reaktion darauf.

Mir wurde dabei klar, daß meine Ablehnung, einander »du« zu sagen, es ihr möglich machte, die Analyse bei mir zu beginnen. Denn, wie sich später herausstellte, war das »du« mit der ersten Therapeutin mit ein Grund, warum die Therapie mißlang. Andererseits war möglicherweise mein nicht hinterfragtes Akzeptieren von ihr als Lesbe der Grund für die Stagnationen. Denn ich hatte ihr auf unanalytische Weise vermittelt, ich fände es gut, daß sie Lesbe sei – und ihr dadurch ein offenes Suchen verbaut. Ich realisierte, daß ich ihr den Raum für eine mögliche andere Lebensweise damit genommen hatte, so daß sie mir permanent ihr Lesbischsein beweisen mußte.

Ich stellte mir die folgende Frage: Warum habe ich ihr nicht sagen können, »Wir machen eine Analyse. Ob Sie Lesbe sind oder nicht, spielt im Moment keine Rolle. Der Ausgang ist offen.«? Ich ertappte mich auch dabei, daß ich ab und zu dachte: Vielleicht ist sie doch keine Lesbe? In meiner Gegenübertragungsanalyse wurde mir meine Angst vor möglichen Liebesangeboten bewußt. Das Bewußtwer-

den dieser Gegenübertragungsgefühle ließ mich weiter über die Verhältnisse zwischen Analysandinnen und mir, über meine eigene Geschichte klar werden.

Nach dieser denkwürdigen Kontrollstunde nahm ich den erstmöglichen Moment wahr, um ihr zu sagen: »Sie möchten mir seit der ersten Stunde beweisen, daß Sie eine überzeugte Lesbe sind, aber eigentlich spielt es für mich keine Rolle, ob Sie Lesbe oder Hetera sind. Wir machen zusammen eine Analyse, und darin ist offen, was geschieht.« Anschließend entstand eine heftige Diskussion über die Abwertung der Lesben durch die Heteras, wie ich eben eine war – aber in der Folge löste sich die Sprachlosigkeit langsam auf, entspannte sich unser Verhältnis zusehends. Die Analyse nahm ihren Lauf.

Im Nachhinein ist hinzuzufügen, daß die Analyse nicht aufgrund meiner verspäteten sogenannt »richtigen« Deutung ihren Lauf genommen hat, sondern vielmehr durch meine selbstanalytische Arbeit bestimmt war, welche mir ganz klar meine eigene abgewehrte Triebangst aufzeigte. Durch die Kontrollanalyse war ich in der Lage, meine Ängste zunehmend reduzieren zu können, was eine Entspannung möglich machte. Im Sinne Laplanches könnte man dies als die »Aufrechterhaltung der Dimension der inneren Alterität« bezeichnen, d.h., die unlösbare Dimension der eigenen Fremdheit zu ertragen, um auf diese Weise dem Sexuellen, Triebhaften Raum zu geben.

Was ebenfalls deutlich wird, ist der Abwehrcharakter in meiner Bemerkung, daß ich mit Lesben keine Probleme hätte. Das zeigt sich im Versuch, die Differenz zwischen ihr und mir aufzuheben. Eine Differenz, und wohl auch Distanz, die ängstigte. Das primärprozeßhafte Geschehen, also die Arbeit »in« der Übertragung, oder mit Laplanche gesagt: die *hohlförmige* Übertragung, war in keiner Weise identisch mit dem sekundärprozeßhaften Geschehen, der Arbeit »an« der Übertragung oder: der *gefüllten* Übertragung. Kann es auch niemals sein, wie wir gesehen haben. Dagegen wurde rebelliert und zwar von beiden Seiten, die Stimmung war oft lähmend. Denn Stagnationen entstehen dort, wo die Primärprozesse unbewußt bleiben – oder mit Laplanche gesagt: wo die Beziehung zum Unbekannten nicht ausgehalten wird –, weil sie so schwer faßbar sind. In der Folge stören sie die Arbeit »an« der Übertragung. Diese Diskrepanz eliminiert denn auch die triebhafte, sexuelle Nähe, welche den psychoanalytischen Prozeß vorantreibt.

Diese Fallvignette beinhaltet auch die Frage der homosexuellen Übertragung in der Frau-Frau-Analyse. Die heftigen Auseinandersetzungen zwischen heterosexuellen und lesbischen Therapeutinnen beschäftigten vor einigen Jahren auch mich. Sie gingen in die Richtung, daß Frauen Frauen besser verstehen bzw. daß Lesben von lesbischen Therapeutinnen besser verstanden würden, weil bei ihnen nicht mit homophoben Gegenübertragungsgefühlen gerechnet werden müsse, was bei Heteras viel eher der Fall sei. Ich kann diesem Argument nicht zustimmen. Denn homophobe Gegenübertragungsreaktionen (das heißt, Angst vor Homosexualität) können auch in gegengeschlechtlichen Analysen auftreten. Homophobie beinhaltet immer auch die Angst vor der eigenen Körperlichkeit. Oder die Angst vor dem eigenen unbewußten Sexuellen. Und dies betrifft beide Geschlechter, ob homo-, hetero- oder bisexuell, ob Analytikerin oder Analysandin. Denn die Garantie einer gesicherten Geschlechtsidentität ist nirgends gegeben. Von daher kommt auch die Verunsicherung durch sexuelle Ausrichtungen, welche sich nicht mit der eigenen decken und welche die eigenen festgefügten Normvorstellungen zwangsläufig in Frage stellen. Daß die gleiche Sozialisation bzw. die gleiche sexuelle Ausrichtung, Basis für eine gute Therapie sein soll (Isay, 1991), ist zu bezweifeln. Es stellt sich vielmehr die Frage, ob sich hinter einer solchen Haltung nicht die genannten unbewußten Ängste vor dem eigenen Fremden verbergen.[1]

8.2. Das Homosexualitätstabu im Analyseprozeß

Zum Homosexualitätstabu im Analyseprozeß sind einige abschließende Bemerkungen zu machen. Die Auseinandersetzung mit der feministisch-psychoanalytischen Literatur hat gezeigt, daß das Homosexualitätstabu unbewußt in die Texte einfließen kann. Dies muß für die Praxis Folgen zeitigen. Wenn behauptet wird, daß gerade in Therapien und Analysen mit lesbischen Frauen keine Verliebtheiten, bzw. keine erotischen Übertragungen, vorkommen (Halenta, 1993: 134), sondern die Übertragungsprozesse dem narzißtischen

---
1 vgl. auch Kapitel 5. 2. in diesem Buch

(Kohutschen) Beziehungstyp zugerechnet werden (ebd.: 139), dann ist dies als ein Indiz für Triebabwehr anzusehen. Erklärungen wie solche, die das Ausbleiben der Übertragungsliebe als frühe Störungen diagnostizieren, welche libidinöse Besetzungen nicht ermöglichen, sondern nur die Bildung von Selbstobjekten (ebd.), lassen die sexuelle, triebhafte Interaktion im Analyseprozeß in den Hintergrund treten. Der Anteil der Analytikerin in dieser Interaktion kann so ausgeklammert werden.

Meine Schlußfolgerungen zu solchen Überlegungen sind folgende: Die lesbischen Klientinnen zeigen neurotische Entwicklungen wie andere auch. Daß die Frauen lesbisch sind, ist offenbar ängstigend. D.h., die libidinöse Nähe oder die erotische homosexuelle Übertragung wird in solchen Analysen bedrohlicher erlebt als sonst. Was bei einer heterosexuellen Frau offenbar einfacher abgespalten werden kann, nämlich die Erotik, die selbstverständlich auch hier im Spiel ist, ist bei einer Lesbe schwieriger auszuhalten. Deshalb werden Erklärungen gesucht, bzw. Pathologisierungskonzepte entworfen, die dem Homosexualitätstabu entstammen. Halenta, die sich im übrigen als Feministin bezeichnet, fragt sich:

> Was passiert zwischen den Klientinnen und mir? Wie schaffen sie es, mein weibliches Identitätsgefühl derart zu verändern, so daß ich mich statt weiblich und potent plötzlich neutral, impotent und abgewertet fühle?

Und:

> Ich müßte also meine Sexualität und damit meinen weiblichen Körper vernichten bzw. durch sie vernichten lassen, um wie sie zu sein. Erst wenn ich meine damit verbundene Autonomie aufgäbe, könnten wir uns einander ganz zuwenden (ebd.: 143).

Seit Freuds Anfängen wird von der bisexuellen Anlage des Menschen sowie von der »latenten Homosexualität« gesprochen, die bei allen bestehe. Deshalb wird von ihm die Homosexualität nicht als pathologische Entwicklung beschrieben, sondern als sexuelles (Trieb-)Schicksal wie die Heterosexualität oder andere Formen des Sexuellen. Aufgegriffen wurden diese Gedanken nicht, abgesehen von Teresa de Lauretis in ihrer Publikation »Die andere Szene« (1994). Ohne die Auseinandersetzung mit der eigenen »latenten Homosexualität«, die ja auch den Bezug zur eigenen Körperlichkeit beinhaltet, wird das Homosexualitätstabu, die Angst vor dem Homosexuellen, aufrecht erhalten.

Homosexuelle Übertragungen finden nicht nur im Analyseprozeß mit Lesben statt, sondern zeigen sich immer in der Frau-Frau-Analyse. Wenn aber Analytikerinnen aus der mütterlichen Perspektive – mit allen Implikationen der entsexualisierten Mutter – analysieren, dann geht das sexuelle Begehren verloren.

Eine Analysandin sagte kürzlich zu mir: »*Mich würde es wahnsinnig wunder nehmen, ob Sie einen BH tragen oder nicht. Aber ich weiß nicht, ob Sie mir darauf eine Antwort geben werden.*«

Ich: »*Was hätten Sie davon, wenn Sie's wüßten? Sie könnten Ihren Phantasien, wie es unter meinem Pullover aussieht, nicht mehr freien Lauf lassen!*«

Sie lacht: »*Eins zu Null für Sie!*«

Schlußwort

Das Begehren –
Die Konfrontation mit der Einsamkeit

> Illusionen empfehlen sich nur dadurch, daß sie Unlustgefühle ersparen und uns an ihrer Statt Befriedigungen genießen lassen. Wir müssen es dann ohne Klage hinnehmen, daß sie irgend einmal mit einem Stücke der Wirklichkeit zusammenstoßen, an dem sie zerschellen (Freud, 1915b: 331).

Die Rezeption der Freudschen Triebdefinitionen rückte den Trieb in den Grenzbereich zwischen Körper und Psyche und definierte ihn als männlich. Freud – heute wiedergelesen – interpretiere ich in meinem Zusammenhang folgendermaßen:
1. Die Bedeutung der psychischen Repräsentanz des Triebes läßt biologistischen Sichtweisen keinen Raum mehr.
2. Der Trieb ist nicht geschlechtsgebunden. Im feministischen Diskurs werden Freuds eigene Aussagen, daß der Trieb weder männlich noch weiblich sei, oft umgangen. Das Triebhafte kann somit nicht dem Männlichen zugeschrieben werden.
3. Freuds Unsicherheiten in bezug auf das Weibliche sind in allen seinen Texten sichtbar. In seinen Aussagen zur Weiblichkeit legt er sich nicht fest.

Daraus kann die Schlußfolgerung gezogen werden, daß Freuds zugegebenermaßen auch widersprüchliche Texte selbst Anregungen für ein neues Denken über Weiblichkeit geben. Eine Erweiterung des Freudschen Triebverständnisses haben Laplanche und Morgenthaler vorgenommen. Morgenthaler tat dies mit seiner Sichtweise der Sexualität resp. der Sexualität als sekundärer Organisation des Sexuellen. Laplanche vervollständigte Freuds Ansätze der leidenschaftlichen Liebe des Mädchens zur Mutter, indem er die sexuelle Interaktion zwischen Mutter und Kind besonders hervorhob. Das Sexuelle, das sich zwischen Mutter und Kind abspielt, ist als das Wesentliche in der Subjektkonstitution anzusehen.

Schlußwort

Die Frage, weshalb Laplanche in den Bibliographien von Untersuchungen, welche die Mutter-Tochter-Interaktion zum Inhalt haben, nicht erscheint, dürfte von Interesse sein.[1] Wie ich aufzeigte, beziehen sich die meisten feministisch-psychoanalytischen Publikationen auf die Psychoanalyse, aber nicht unter dem triebtheoretischen Aspekt. Die Beziehung zwischen Mutter und Tochter ist eine zwar wichtige, aber eine entsexualisierte. Die Mutter wird in diesen Entwürfen nicht als sexuelle Person wahrgenommen, sondern als unterdrückte Frau, was in der Folge Auswirkungen auf die Entwicklung des kleinen Mädchens haben muß. Es sind dies eher soziologisierende Argumentationen als psychoanalytische.

Kultur, Gesellschaft und soziales Umfeld, in denen die Mutter sich bewegt, können nicht losgelöst von ihrem eigenen Triebhaften, Sexuellen betrachtet werden, sondern stehen in Wechselwirkung damit. So hat das Homosexualitätstabu, welches in Kultur und Gesellschaft bestimmend ist, auch Auswirkungen auf Überlegungen zur sexuellen Interaktion zwischen Mutter und Tochter. Wird die Literatur über Homosexualität in der Psychoanalyse seit Freud gesichtet, dann stellt sich ganz klar heraus, daß Freud einer der unkonventionellsten Analytiker im Umgang mit Homosexualität war. Die Pathologisierung der Homosexualität und das Homosexualitätstabu in der Psychoanalyse hat sich erst später konstelliert und bis heute verfestigt. Zwar wird, wie aufgezeigt wurde, in der feministischen Auseinandersetzung das Homosexualitätstabu aufgearbeitet, jedoch schleichen sich pathologisierende Zuschreibungen und Diagnosen unbewußt, und sicher ungewollt, doch wieder ein. Dies zeigt, wie tief dieses Tabu verankert ist und wie sehr sich dies auf die Mutter-Tochter-Beziehung und später auf weibliche gleichgeschlechtliche Analysesituationen auswirkt.

Wenn ich an die Schwierigkeiten mit meinen Analysandinnen denke, taucht selbstverständlich die Frage auf: Wie steht es mit den Trieben? Ein lockerer und auch von Nähe geprägter Umgang mit lesbischen Freundinnen bedeutet noch längst nicht innerpsychische Konfliktfreiheit. Denn das Homosexualitätstabu sowie manche andere Tabubereiche werden auf einer bewußten Ebene oft nicht als Tabu

---

[1] T. de Lauretis (1996) und J. Rose (1996), beide feministische Filmwissenschaftlerinnen, gehören zu den wenigen Ausnahmen, die Laplanche in ihre Entwürfe einbeziehen.

erkannt, sie können sich jedoch auf der unbewußten Ebene um so heftiger bemerkbar machen, wie ich anhand von einzelnen Beispielen aus der feministisch-psychoanalytischen Literatur aufzuzeigen versucht habe. Anders ausgedrückt kann man sagen: Das intensive Debattieren über das homosexuelle Tabu könnte selbst eine Triebabwehr sein. Die Untersuchung der Homosexualität und des Homosexualitätsbus in solchen Publikationen zeigt meistens implizit, manchmal aber auch sehr explizit die Angst, durch das Begehren der anderen Frau vernichtet zu werden (Halenta, 1993: 145).

Die Frage, wie weibliche Subjektwerdung entsteht, ist ohne Berücksichtigung der innerpsychischen Abläufe nicht zu beantworten. Unter »innerpsychisch« ist die Dynamik des Unbewußten, des Triebhaften, in Wechselwirkung mit der äußeren Wirklichkeit zu verstehen. Die äußeren Umstände sind weniger »rätselhaft« als die inneren, eher verstehbar und lösbar. Die triebhafte Realität aber setzt uns Grenzen, die kränkend sind, hilflos machen und uns dazu verführen, so zu tun, als ob es sie nicht gäbe.

Wie ich darlegte, erklärt Laplanche die triebhafte Interaktion zwischen Mutter und Tochter mit der Mutter als Urverführerin. Sie ist die Trägerin der sexuellen Botschaften. Die Mutter funktioniert in gleicher Weise auf einer unbewußten Ebene triebhaft wie die Tochter. Es treffen zwei Körper aufeinander, zwei Unbewußte, die miteinander kommunizieren, die sich gegenseitig verführen. Das für die kleine Tochter nicht-decodierbare sexuelle Rätsel, welches von der Mutter über die Nahrungsaufnahme übertragen wird, muß ungelöst bleiben. Es reproduziert sich hier ein Vorgang, der bereits auf die Mutter wirkte, als sie Tochter war.

Die Vorstellung, die kleine Tochter funktioniere unbewußt und die Mutter sei sich ihres Handelns immer bewußt, läßt die unbewußte triebhafte Dimension in dieser Beziehung verschwinden. Von Verführung, von sexueller Interaktion kann dann keine Rede mehr sein. Die Erotik ist nicht in Worte zu fassen. Das hat uns Laplanches Triebverständnis gezeigt.

Überträgt man Laplanches Überlegungen auf den Analyseprozeß zwischen zwei Frauen, dann kann die Analytikerin in der Rolle der »sexuellen Mutter« als Urverführerin angesehen werden. Oder wie Laplanche sagt: Die Analytikerin ist Hüterin des Rätsels und Provo-

Schlußwort

kateurin der Übertragung (Laplanche, 1996: 192). Die Urverführung durch die Mutter wird in der Analyse wiederholt, d.h., daß dem Sexuellen in der Analyse Raum gegeben werden muß. Nur das Bewußtsein über das eigene innere Fremde ermöglicht das Begehren der anderen sowie das eigene Begehren.

Auf welche Art und Weise das Sexuelle in der Übertragung und damit auch in der Gegenübertragung, zu fassen ist, machen die Überlegungen von Laplanche möglich. Deshalb sind einerseits seine Gedankengänge zur Analyse *an* der Übertragung im Unterschied zur Analyse *in* der Übertragung wichtig sowie andererseits seine bildhaft formulierten Ausdrucksweisen der *gefüllten* und der *hohlförmigen* Übertragung. Schlußfolgernd kann man sagen, daß das Sexuelle sich *in* der Übertragung abspielt, und daß dafür keine Worte existieren, weil es – das Fremde, das Sexuelle – nicht zu benennen ist. Es geht um die innere Alterität, d.h. das Bewußtsein der eigenen inneren Fremdheit, oder anders gesagt: um das Aushalten des eigenen Fremden, Triebhaften. Wird die innere Fremdheit abgespalten, resp. das Triebhafte verdrängt, dann beschränkt sich die Analyse auf die Arbeit *an* der Übertragung, wie am Beispiel des Umgangs mit dem Homosexualitätstabu gezeigt wurde. So gesehen sind Pathologisierungen erklärbar, welche die eigene Angst eindämmen sollen und der sexuellen Interaktion oder homosexuellen Übertragung und Gegenübertragung keinen Raum lassen.

Es sind die Phantasien, welche durch die nicht-decodierbaren, rätselhaften sexuellen Botschaften geformt werden. Diese Phantasien sind die Voraussetzung für das Denken, für das Forschen und Suchen, für das Wissen-Wollen, wer wir sind.

Die Auseinandersetzung mit den Trieben zielt nicht auf definitive Antworten oder »Handlungsanweisungen«. Vielmehr geht es um die Schwierigkeit, Ambivalenzspannungen und Triebkonflikte zu ertragen, d.h., das eigene Begehren und die damit verbundene Einsamkeit auszuhalten. Von daher sind für mich am Ende dieser Arbeit die Stagnationen und die Momente von lähmender Sprachlosigkeit verstehbar geworden.

Für die Entwicklung von Weiblichkeitskonzepten wird es also auch darum gehen müssen, sich einzugestehen und zu akzeptieren, daß manche Anteile des »Fremden in sich« fremd und geheimnisvoll bleiben müssen. Oder: Rätselhaftes muß rätselhaft bleiben!

Literaturverzeichnis

Alpert, Judith (Hrsg./1986): Psychoanalyse der Frau jenseits von Freud. Berlin, Heidelberg, 1992.
Amstutz, Nathalie & Kuoni, Martina (Hrsg./1994): Theorie – Geschlecht – Fiktion. Frankfurt a.M.
Anderson, Bonnie S. & Zinsser, Judith P. (1988): Eine eigene Geschichte. Frauen in Europa. Frankfurt a.M., 1995.
Andreas-Salomé, Lou (1992): Die Erotik. Vier Aufsätze (1899–1917). Frankfurt a.M., Berlin.
Andreas-Salomé, Lou (1951): Lebensrückblick. Frankfurt a.M., 1994.
Appignanesi, Lisa & Forrester, John (1992): Die Frauen Sigmund Freuds. München, 1994.
Balint, Michael (1965): Die Urformen der Liebe und die Technik der Psychoanalyse. Stuttgart, 1988.
de Beauvoir, Simone (1949): Das andere Geschlecht. Sitte und Sexus der Frau. Reinbek, 1968.
Bell, Karin (1991): Aspekte weiblicher Entwicklung. In: Forum Psychoanal. 7: 111–126.
Bell, Karin (1997): Ich hätte nicht gedacht, daß ich einen Beruf finden würde, der so zufriedenstellend ist. In: Mertens, Wolfgang (Hrsg.): Der Beruf des Psychoanalytikers. Stuttgart.
Benjamin, Jessica (1988): Die Fesseln der Liebe. Basel, Frankfurt a.M., 1990
Benjamin, Jessica (1993): Phantasie und Geschlecht. Studien über Idealisierung, Anerkennung und Differenz. Frankfurt a.M.
Benjamin, Jessica (Hrsg./1994): Unbestimmte Grenzen. Beiträge zur Psychoanalyse der Geschlechter. Frankfurt a.M., 1995.
Berney, Toni & Cantor, Dorothy W. (1986): The Psychology of Today's Woman. New Psychoanalytic Visions. Cambridge/Massachusetts, London, 1989
Bernstein, Anne E. & Warner, Gloria M. (1984): Women treating Women. Case Material from Women Treated by Female Psychoanalysts. Madison, Connecticut, 1986
Bernstein, Doris (1993): Female Identity Conflict in Clinical Practice. Northvale, New Jersey, London.
Binswanger, Ludwig (1956): Erinnerungen an Freud. Bern.
Bowlby, John (1975): Bindung. Eine Analyse der Mutter-Kind-Beziehung. München.
von Braun, Christina (1985): Nicht Ich. Ich Nicht. Logik, Lüge, Libido. Frankfurt a.M.
Breen, Dana (Hrsg./1993): The Gender Conundrum. Contemporary Psychoanalytic Perspectives on Feminity and Masculinity. London, New York.
Brede, Karola (Hrsg./1989): Was will das Weib in mir? Freiburg i.Br.
Burack, Cynthia (1994): The Problem of the Passions. Feminism, Psychoanalysis, and Social Theory. New York, London.
Burgard, Roswitha & Rommelspacher, Birgit (Hrsg./1989): Leideunlust. Der Mythos vom weiblichen Masochismus. Berlin.
Butler, Judith (1990): Das Unbehagen der Geschlechter. Frankfurt a.M.;1991
Chasseguet-Smirgel, Janine (Hrsg./1964): Psychoanalyse der weiblichen Sexualität. Frankfurt a.M., 1974.
Chodorow, Nancy J. (1978): Das Erbe der Mütter. München, 1985.
Chodorow, Nancy J. (1989): Feminism and Psychoanalytic Theory. New Haven, London.
Chodorow, Nancy J. (1990): Femininities, Masculinities, Sexualities. Freud and beyond. The Blazer Lectures for 1990. Lexington, Kentucky, 1994.
Cremerius, Johannes (1984): Freud bei der Arbeit über die Schulter geschaut. In: Cremerius,

Johannes: Vom Handwerk des Psychoanalytikers, Bd. II, Stuttgart-Bad Cannstatt.
Cremerius, Johannes (1992): Die Auswirkungen der Verflüchtigung des Sexuellen in der Psychoanalyse auf die Beurteilung von Homosexualität. In: Psychoanalyse im Widerspruch 7: 7–20.
Deja, Christine (1991): Frauenlust und Unterwerfung. Freiburg i.Br.
Deutsch, Helene (1926): Okkulte Vorgänge in der Psychoanalyse. Imago 12, 418–433.
Deutsch, Helene (1930): Der feminine Masochismus und seine Beziehung zur Frigidität. In: Int. Zschr. für PsA. 16, 172–184.
Deutsch, Helene (1944): Psychologie der Frau. Bern, 1948.
Devereux, Georges (1967): Angst und Methode in den Verhaltenswissenschaften. München, 1984.
Dimen, Muriel (1986): Surviving Sexual Contradictions. New York.
Dimen, Muriel (1995): Dekonstruktion von Differenz: Geschlechtsidentität, Spaltung und Übergangsraum. In: Benjamin, Jessica (Hrsg.): Unbestimmte Grenzen. Beiträge zur Psychoanalyse der Geschlechter. Frankfurt a.M.
Diotima (Philosophinnengruppe aus Levana; 1987): Der Mensch ist zwei. Das Denken der Geschlechterdifferenz. Wien, 1989.
Düring, Sonja & Hauch, Margret (Hrsg./1995): Heterosexuelle Verhältnisse. Stuttgart.
Edgcumbe, R. & Burgner, M. (1975): The phallic-narcisstic phase. A differentiation between preoedipal aspects of phallic development. Psa.Std. Child 30: 161–179.
Eisenbud, Ruth-Jean (1969): Female Homosexuality: A sweet enfranchisement. In: Goldman G. D. & Milman D. S. (Hrsg.): The modern women. Springfield: 247–271.
Eisenbud, Ruth-Jean (1982): Early and later determinations of lesbian choice. In: Psychoanal Rev. 69: 85–109.
Eisenbud, Ruth-Jean (1986): Die lesbische Objektwahl: Übertragungen auf die Theorie. In: Alpert, Judith (Hrsg.): Psychoanalyse der Frau jenseits von Freud. Berlin, New York, 1992.
Erdheim, Mario (1984): Die gesellschaftliche Produktion von Unbewußtheit. Frankfurt a.M.
Erdheim, Mario (1988): Psychoanalyse und Unbewußtheit in der Kultur. Frankfurt a.M., 1991.
Ermann, Michael (1987): Behandlungskrisen und die Widerstände des Psychoanalytikers. In: Forum Psochoanal 3: 100–111.
Fairbairn, W. R. D. (1952): Psychoanalytic Studies of the Personality. London, 1952.
Ferenczi, Sándor (1928): Schriften zur Psychoanalyse, Bd. II, Frankfurt, 1972.
Firestone, Shulamith (1970): Frauenbefreiung und sexuelle Revolution. Frankfurt a.M., 1975.
Flaake, Karin & King, Vera (Hrsg./1992): Weibliche Adoleszenz. Zur Sozialisation junger Frauen. Frankfurt, New York.
Flaake, Karin (1992): Die Beziehung zwischen Müttern und Töchtern. In: Psyche 7: 642–652.
Flaake, Karin (1995): Zwischen Idealisierung und Entwertung – Probleme der Perspektiven theoretischer Analysen zu weiblicher Homo- und Heterosexualität. Psyche 9/10: 867–885.
Freud, Anna (1936): Das Ich und die Abwehrmechanismen. München.
Freud, Sigmund (1896): Zur Ätiologie der Hysterie. GW. I, 423–460.
Freud, Sigmund (1900): Die Traumdeutung. GW. II/III.
Freud, Sigmund (1905d): Drei Abhandlungen zur Sexualtheorie. GW. V, 27–145.
Freud, Sigmund (1910): Die zukünftigen Chancen der psychoanalytischen Therapie. GW. VIII, 103–115.
Freud, Sigmund (1914g): Erinnern, Wiederholen und Durcharbeiten. GW. X, 125–136.
Freud, Sigmund (1915b): Zeitgemäßes über Krieg und Tod. GW. X, 324–355.
Freud, Sigmund (1915c): Triebe und Triebschicksale. GW. X, 209–232.
Freud, Sigmund (1915e): Das Unbewußte. GW. X, 263–303.

Freud, Sigmund (1917): Gesichtspunkte der Entwicklung und Regression. Ätiologie. GW. XI, 351–371.
Freud, Sigmund (1922): »Psychoanalyse« und »Libidotheorie«. GW. XIII, 211–233.
Freud, Sigmund (1923): Die infantile Genitalorganisation. GW. XIII, 291–298.
Freud, Sigmund (1924c): Das ökonomische Problem des Masochismus. GW. XII, 369–384.
Freud, Sigmund (1924d): Der Untergang des Ödipuskomplexes. GW. XIII, 393–402.
Freud, Sigmund (1925j): Einige psychische Folgen des anatomischen Geschlechtsunterschiedes. GW. XIV, 17–30.
Freud, Sigmund (1931): Über die weibliche Sexualität. GW. XIV, 515–537.
Freud, Sigmund (1932): Die Zerlegung der psychischen Persönlichkeit. GW. XV, 62–86.
Freud, Sigmund (1933): Die Weiblichkeit. GW. XV, 119–145.
Freud, Sigmund (1938): Der Mann Moses und die monotheistische Religion. GW. XVI, 103–246.
Freud, Sigmund (1938): Abriß der Psychoanalyse. GW. XVII, 63–86.
Freud, Sigmund (1887–1904): Briefe an Wilhelm Fließ 1887–1904. Hrsg.: Masson, Jeffrey M., Frankfurt a.M., 1985.
Gambaroff, Marina (1984): Utopie der Treue. Reinbek bei Hamburg.
Gast, Lilli (1992): Libido und Narzißmus. Vom Verlust des Sexuellen im psychoanalytischen Diskurs. Eine Spurensicherung. Tübingen.
Gast, Lilli (1994): Der Körper auf den Spuren des Subjekts. Psychoanalytische Gedanken zu einer Schicksalsgemeinschaft in dekonstruktiven Turbulenzen. In: Die Philosophin 10. Tübingen.
Green, André (1998): Hat Sexualität etwas mit Psychoanalyse zu tun? In: Psyche 12: 1170–1191.
Gilligan, Carol (1982): Die andere Stimme. München, 1984.
Grosz-Ganzoni, Ita (1994): Verführung in der Psychoanalyse. Unveröffentlichter Vortrag, gehalten am Psychoanalytischen Seminar, Zürich.
Grosz-Ganzoni, Ita (Hrsg./1996): Widerspenstige Wechselwirkungen. Feministische Perspektiven in Psychoanalyse, Philosophie, Literaturwissenschaft und Gesellschaftskritik.
Hagemann-White, Carol (1979): Frauenbewegung und Psychoanalyse. Basel, Frankfurt a.M., 1986.
Hagemann-White, Carol (1988): FrauenMännerBilder. Männer und Männlichkeit in der feministischen Diskussion. Bielefeld.
Halberstadt-Freud, Hendrika C. (1987): Die symbiotische Illusion der Mutter-Tochter-Beziehung. In: Psychoanalytisches Seminar Zürich (Hrsg.): Bei Lichte betrachtet wird es finster. FrauenSichten. Frankfurt a.M. 139–165.
Halenta, Brigitte (1993): Zwischen Skylla und Charybdis. Übertragung und Gegenübertragung in der Behandlung lesbischer Frauen. In: Alves, Eva Maria (Hrsg./1993): Stumme Liebe. Der »lesbische Komplex« in der Psychoanalyse. Frankfurt a.M.: 133–162.
Harding, Sandra (1991): Das Geschlecht des Wissens. Frankfurt a.M., 1994.
Heigl-Evers, Annelise & Weidenhammer, Brigitte (1988): Der Körper als Bedeutungslandschaft. Die unbewußte Organisation der weiblichen Geschlechtsidentität. Bern, Stuttgart, Toronto.
Heimann, Paula (1950): On Countertransference. In: Int. J. Psycho-Anal. 31: 81–84.
Heimann, Paula (1964): Bemerkungen zur Gegenübertragung. In: Psyche 18: 483–493.
Heimann, Paula (1978): Über die Norwendigkeit für den Analytiker mit seinem Patienten natürlich zu sein. In: Drews, Sibylle u.a. (Hrsg.): Provokation und Toleranz. Festschrift für Alexander Mitscherlich zum siebzigsten Geburtstag, Frankfurt a.M.
Hock, Udo (1996): Français Freudien. Bemerkungen zur ersten französischen Gesamtaus-

gabe der »Gesammelten Werke« Freuds. In: Psyche 2: 149–165.
Horney, Karen (1926): Flucht aus der Weiblichkeit – Der Männlichkeitskomplex der Frau im Spiegel männlicher und weiblicher Betrachtung. In: Die Psychologie der Frau. Frankfurt a. M., 1992.
Horney, Karen (1937): Der neurotische Mensch unserer Zeit. München, 1951.
Horney, Karen (1967): Die Psychologie der Frau. Frankfurt a.M., 1992.
Irigaray, Luce (1979): Das Geschlecht, das nicht eins ist. Berlin.
Irigaray, Luce (1987): Zur Geschlechterdifferenz. Wien.
Irigaray, Luce (1989): Genealogie der Geschlechter. Freiburg i.Br.
Irigaray, Luce (1989): Die Zeit der Differenz. Frankfurt a.M., 1991.
Isay, R. A. (1990): Schwul sein. Die Entwicklung des Homosexuellen. München, 1991.
Jacoby, Russell (1983): Die Verdrängung der Psychoanalyse oder Der Triumph des Konformismus. Frankfurt a.M., 1985.
Jones, Ernest (1928): Die erste Entwicklung der weiblichen Sexualität. In: Int. Zschr. f. PsA. 14: 11–25.
Jones, Ernest (1933): Die phallische Phase. In: Int. Zschr. f. PsA. 19: 322–357.
Jones, Ernest (1935): Über die Frühstadien der weiblichen Sexualentwicklung. In: Int. Zschr. f. PsA. 21: 331–341.
Jones, Ernest (1960): Leben und Werk von Sigmund Freud. 3 Bände. Bern, 1978.
Junker, Helmut (1991): Freud in den Freudianern. Tübingen.
Kaplan, Luise J. (1991): Weibliche Perversionen. Hamburg.
Kernberg, Otto F. (1975): Borderline-Störungen und pathologischer Narzißmus. Fankfurt a.M., 1983.
Kernberg, Otto F. (1985): Ein konzeptuelles Modell zur männlichen Perversion. In: Forum Psychoanal 1: 167–188.
Kernberg, Otto F. (1986): A Conceptual Model of Perversion. In: Fogel, G. & Lane, F. (Hrsg.): The Psychology of Men. New Psychoanalytic Perspectives. New York.
King, Vera (1995): Die Urszene der Psychoanalyse. Adoleszenz und Geschlechterspannung im Fall Dora. Stuttgart.
Klein, Gabriele & Treibel, Annette (Hrsg./1993): Begehren und Entbehren. Bochumer Beiträge zur Geschlechterforschung. Pfaffenweiler.
Klemann, Michael (1992): Das Dilemma mit der »Theorie der Weiblichkeit«. Ein Scheinproblem der Psychoanalyse? In: Forum Psychoanal. 8: 105–120.
Knapp, Gudrun-Axeli & Wetterer, Angelika (Hrsg./1992): Traditionen und Brüche. Entwicklungen feministischer Theorie. Freiburg i.Br.
Knörzer, Winfried (1988): Einige Anmerkungen zu Freuds Aufgabe der Verführungstheorie. In: Psyche 2: 97–131.
Koellreuter, Anna (1987): Ist der Widerstand des Patienten der Widerstand des Therapeuten? Ulm.
Koellreuter, Anna (1991): Statt Sexualität: Begehren. Frauezitig 40: 12–14.
Koellreuter, Anna (1992): Analysandin und Analytikerin: Wie steht es mit den Trieben? Rebus, Blätter zur Psychoanalyse, Bern 2: 51–59.
Koellreuter, Anna (1996): Feministisch-psychoanalytische Weiblichkeitskonzepte: Wie steht es mit den Trieben? In: Grosz-Ganzoni, Ita (Hrsg.): Widerspenstige Wechselwirkungen. Feministische Perspektiven in Psychoanalyse, Philosophie, Literaturwissenschaft und Gesellschaftskritik. Tübingen.
Kohut, Heinz (1971): Narzißmus. Frankfurt a.M 1973.
Kohut, Heinz (1977): Die Heilung des Selbst. Frankfurt a. M., 1981
Kohut, Heinz (1984): Wie heilt die Psychoanalyse? Frankfurt a. M., 1987
Konnertz, Ursula (1987): Die übertragene Mutter. Tübingen.

Literaturverzeichnis

Körner, Jürgen (1989): Arbeit *an* der Übertragung? Arbeit *in* der Übertragung! In: Forum Psychoanal. 5: 209–223.
Kroker, Britta (1994): Sexuelle Differenz. Einführung in ein feministisches Theorem. Pfaffenweiler.
Krutzenbichler, Sebastian & Essers, Hans (1991): Muß denn Liebe Sünde sein? Freiburg i.Br.
Krutzenbichler, Sebastian (1995): Sexueller Mißbrauch als Thema der Psychoanalyse und sexueller Mißbrauch in Psychoanalysen. Eine historische Betrachtung. In: Düring, Sonja & Hauch, Margret (Hrsg.): Heterosexuelle Verhältnisse. Stuttgart.
Lacan, Jacques (1958): Les formations de l'inconscient. In: Ecrits. Paris, 1978.
Lampl-de Groot, Jeanne (1927): Zur Entwicklungsgeschichte des Ödipuskomplexes der Frau. In: Int. Zschr. f. PsA. 13: 269–282, und in: Mitscherlich, Margarethe & Rohde-Dachser, Christa (Hrsg./1996): Psychoanalytische Diskurse über die Weiblichkeit von Freud bis heute. Stuttgart, 1996. 31–47.
Lampl-de Groot, Jeanne (1933): Zu den Problemen der Weiblichkeit. In: Int. Zschr. f. PsA. 19: 385–415.
Lampl-de Groot, Jeanne (1965): The Development of the Mind. Hogarth Press, USA.
Laplanche, Jean (1970): Leben und Tod in der Psychoanalyse. Frankfurt a.M., 1985.
Laplanche, Jean (1979): Der Strukturalismus vor der Psychoanalyse. In: Jean Laplanche (1988): Die allgemeine Verführungstheorie und andere Aufsätze. Tübingen, 1988.
Laplanche, Jean (1980): L'angoisse. Problématiques I, Paris, 1981.
Laplanche, Jean (1980): Castration Symbolisations. Problématiques II, Paris, 1983.
Laplanche, Jean (1980): La sublimation. Problématiques III, Paris, 1983.
Laplanche, Jean (1981): L'inconscient et le ça. Problématiques IV, Paris.
Laplanche, Jean (1987): Le baquet. Transcendance du transfert. Problématiques V.
Laplanche, Jean (1987): Nouveaux fondements pour la psychanalyse. PUF, Paris, 1994.
Laplanche, Jean (1988): Die allgemeine Verführungstheorie und andere Aufsätze. Tübingen.
Laplanche, Jean (1989): Terminologie raisonnée. In: Bourguignon A., Cotet P., Laplanche J., Robert F.: Traduire Freud. PUF, Paris, 73–151.
Laplanche, Jean (1992): Die unvollendete kopernikanische Revolution in der Psychoanalyse. Frankfurt a.M., 1996.
Laplanche, Jean (1993): Le fourvoiement biologisant de la sexualité chez Freud. Le Plessis-Robinson.
Laplanche, Jean (1996): Der (sogenannte) Todestrieb: ein sexueller Trieb. In: Zschr. f. psychoanalyt. Theorie und Praxis. XI, 1–1996.
Laplanche, Jean (1997): Ziele des psychoanalytischen Prozesses. In: Jahrbuch der Psychoanalyse: 93–115.
Laplanche, Jean (1998): Die Psychoanalyse als Anti-Hermeneutik. In: Psyche 7: 605–618.
Laplanche, Jean (1999): Kurze Abhandlung über das Unbewußte. In: Psyche 12: 1213–1246.
Laplanche, Jean (1999): Entre séduction et inspiration: l'homme. Paris.
Laplanche, Jean (1999): La sexualité humaine. Biologisme et biologie. Le Plessis-Robinson.
Laplanche, Jean & Pontalis, J.-B. (1967): Das Vokabular der Psychoanalyse. Frankfurt a. M., 1972.
Laplanche, Jean & Pontalis, J.-B. (1985): Fantasme originaire. Fantasmes des origines, Origines du fantasme. Paris.
Laplanche, Jean & Pontalis, J.-B. (1985): Phantasien über den Ursprung, Ursprünge der Phantasie. Frankfurt a.M., 1992.
de Lauretis, Teresa (1994): Die andere Szene. Psychoanalyse und lesbische Sexualität. Berlin, 1996.
Leuzinger-Bohleber, Marianne (1997): Vernunft ist nur dann vernünftig, wenn sie sich im Dialog mit den unbewußten Kräften des Seelenlebens befindet. In: Mertens, Wolfgang

Literaturverzeichnis

(Hrsg.): Der Beruf des Psychoanalytikers. Stuttgart.
List, Elisabeth (1994): Wissende Körper – Wissenskörper – Maschinenkörper. Zur Semiotik der Leiblichkeit. In: Die Philosophin 10, Tübingen.
Loch, Wolfgang (1988): Rekonstruktionen, Konstruktionen, Interpretationen: Vom »Selbst-Ich« zum »Ich-Selbst«. Jahrbuch für Psychoanalyse 23. Stuttgart.
Lohmann, Hans-Martin (1983): Das Unbehagen in der Psychoanalyse. Eine Streitschrift. Frankfurt a.M.
Lorenzer, Alfred (1984): Intimität und soziales Leid. Archäologie der Psychoanalyse. Frankfurt a.M.
Lykke, Nina (1993): Rotkäppchen und Ödipus. Zu einer feministischen Psychoanalyse. Wien.
Lyotard, Jean-François (1979): Das postmoderne Wissen. Ein Bericht. Wien, 1994.
Mahler, Margaret S. (1979): Symbiose und Individuation. Bd. 1, Psychosen im frühen Kindesalter. Stuttgart.
Masters, William H. & Johnson, Virginia (1967): Die sexuelle Reaktion. Frankfurt a.M.
McDougall, Joyce (1974): Über die weibliche Homosexualität. In: Chasseguet-Smirgel, Janine (Hrsg./1964): Psychoanalyse der weiblichen Sexualität. Frankfurt a.M.
McDougall, Joyce (1995): Die Couch ist kein Prokrustesbett. Zur Psychoanalyse der menschlichen Sexualität. Stuttgart, 1997.
van Mens-Verhulst, Janneke u.a.(1993): Töchter und Mütter. Weibliche Identität, Sexualität und Individualität. Stuttgart, Berlin, Köln, 1996.
Mertens, Wolfgang (1992): Entwicklung der Psychosexualität und der Geschlechtsidentität. Stuttgart, Berlin, Köln.
Mertens, Wolfgang (Hrsg./1997): Der Beruf des Psychoanalytikers. Stuttgart.
Meulenbelt, Anja (1988): Zwischen zwei Stühlen. Standortbestimmung einer kritischen Feministin. Reinbek bei Hamburg.
Millett, Kate (1969): Sexus und Herrschaft. Die Tyrannei des Mannes in unserer Gesellschaft. Reinbek bei Hamburg, (1971) 1986.
Mitchell, Juliet (1976). Psychoanalyse und Feminismus. Frankfurt a.M., 1985.
Mitscherlich, Alexander (1975): Der Kampf um die Erinnerung. Psychoanalyse für Fortgeschrittene. München, Zürich.
Morgenthaler, Fritz (1978): Technik. Zur Dialektik der psychoanalytischen Praxis. Frankfurt a.M., 1986.
Morgenthaler, Fritz (1984): Homosexualität, Heterosexualität, Perversion. Frankfurt a.M., 1985.
Morgenthaler, Fritz (1986): Der Traum. Fragmente zur Theorie und Technik der Traumdeutung. Frankfurt a.M.
Müller, Josine (1931): Ein Beitrag zur Frage der Libidoentwicklung des Mädchens in der genitalen Phase. Int. Zschr. f. PsA., 17/2, 256–262
Nicholson, Linda L. (Hrsg./1990): Feminism/Postmodernism. New York, London.
Nunner-Winkler, Gertrud (Hrsg./1991): Weibliche Moral. Die Kontroverse um eine geschlechtsspezifische Ethik. München, 1995.
Olivier, Christiane (1980): Les enfants de Jocaste. L'empreinte de la mère. Paris.
Olivier, Christiane (1980): Jokastes Kinder. Die Psyche der Frau im Schatten der Mutter. Düsseldorf, 1987.
Olivier, Christiane (1990): Filles d'Eve. Paris.
Olivier, Christiane (1990): F wie Frau. Düsseldorf, Wien, New York, 1991.
Paniagua, Cecilio (1999): Das Konzept der Intersubjektivität – einige kritische Bemerkungen. In: Psyche 9/10: 958–971.
Parin, Paul (1977): Das Ich und die Anpassungsmechanismen. In: Parin, Paul (1978): Der

Widerspruch im Subjekt. Frankfurt a.M.
Parin, Paul (1986): Die Verflüchtigung des Sexuellen in der Psychoanalyse. In: Psychoanalytisches Seminar, Zürich (Hrsg.): Sexualität. Frankfurt a.M.
Passett, Peter (1992): Ein Seher, das Negative im Auge: Mit dem Tod gegen den Tod. Tübingen.
Passett, Peter (1996): Von der »Wirklichkeit« der psychischen Realität. Skizzen zu einer psychoanalyseinhärenten Erkenntnistheorie. In: Rothschild, Berthold (Hrsg.): Selbstmystifizierung der Psychoanalyse, Psychoanalytische Blätter, Bd.5: 35–65.
Poluda-Korte, Eva (1993): Der »lesbische Komplex«. In: Alves, Eva-Maria (Hrsg.): Stumme Liebe. Der »lesbische Komplex« in der Psychoanalyse. Freiburg i.Br.
Psychoanalytisches Seminar Zürich (Hrsg./1986): Sexualität. Frankfurt a.M.
Psychoanalytisches Seminar Zürich (Hrsg./1987): Bei Lichte betrachtet wird es finster. FrauenSichten. Frankfurt a.M.
»Psychoanalyse und Feminismus«. Unveröffentlichtes Arbeitspapier der Frauenbefreiungsbewegung. Zürich, 1977.
Raether, Gabriele (1987): Freud – ein Antifeminist? Frauenbewegung und Psychoanalyse um die Jahrhundertwende. In: Brede, Karola u.a. (Hrsg.): Befreiung zum Widerstand. Frankfurt a.M. 183–196.
Rauschfleisch, Udo (1994): Schwule, Lesben, Bisexuelle. Lebensweisen, Vorurteile, Einsichten. Göttingen, Zürich.
Reich, Annie (1951): On Countertransference. Int. J. of Psycho-Anal. 32: 25–31.
Reiche, Reimut (1990): Geschlechterspannung. Frankfurt a. M.
Reiche, Reimut (1997): Gender ohne Sex. In: Psyche 9/10: 926–957.
Rohde-Dachser, Christa (1990b): Brauchen wir eine feministische Psychoanalyse? In: Streeck, Ulrich & Werthmann, Hans-Volker (Hrsg.): Herausforderungen für die Psychoanalyse. Diskurse und Perspektiven. München.
Rohde-Dachser, Christa (1991): Expedition in den dunklen Kontinent. Weiblichkeit im Diskurs der Psychoanalyse. Berlin, Heidelberg.
Rohde-Dachser, Christa (1994): Im Schatten des Kirschbaums. Psychoanalytische Dialoge. Bern, Göttingen, Toronto.
Rohde-Dachser, Christa (1995): Männliche und weibliche Homosexualität. Psyche 9/10: 827–841.
Rommelspacher, Birgit (1989): Die Sucht zu sehr zu lieben. Die neue Krankheit der Frau? In: Burgard, Roswitha & Rommelspacher, Birgit (Hrsg.): Leideunlust. Der Mythos vom weiblichen Masochismus. Berlin.
Rommelspacher, Birgit (1992): Dominanzkultur. Texte zur Fremdheit. Berlin.
Rose, Jacqueline (1996): Sexualität im Feld der Anschauung. Wien.
Roth, Claudia (Hrsg./1987): Genzeit. Die Industrialisierung von Pflanze, Tier und Mensch. Ermittlungen in der Schweiz. Zürich, 1993 (3. Aufl.).
Roth, Claudia (1998): Kulturschock, Macht und Erkenntnis. Zur Auseinandersetzung mit Grenzen in der ethnologischen Forschungssituation. In: Schröter, Susanne (Hrsg.): Körper und Identitäten. Ethnologische Ansätze zur Konstruktion von Geschlecht. Hamburg. 169–185.
Sayers, Janet (1991): Mütterlichkeit in der Psychoanalyse. Helene Deutsch, Karen Horney, Anna Freud, Melanie Klein. Stuttgart, Berlin, Köln, 1994.
Schlesier, Renate (1981): Mythos und Weiblichkeit bei Sigmund Freud. Frankfurt a.M., 1990.
Schmauch, Ulrike (1994): Die Angst der Erwachsenen vor dem Körper des Kindes. Zur Wirkung kindlicher Sexualität auf Erwachsene. In: Pedrina, Fernanda (Hrsg.): Spielräume. Begegnungen zwischen Kinder- und Erwachsenenanalyse. Tübingen.
Seifert, Edith (1987): »Was will das Weib?« Zu Begehren und Lust bei Freud und Lacan.

Literaturverzeichnis

Weinheim, Berlin, 1987.
Sgier, Irena (1994): Aus eins mach zehn und zwei laß gehn. Zweigeschlechtlichkeit als kulturelle Konstruktion. Bern, Zürich, Dortmund.
Siegel, Elaine V. (1988): Weibliche Homosexualität. Psychoanalytische und therapeutische Praxis. München, Basel, 1992.
Sigusch, Volkmar (1984): Vom Trieb und von der Liebe. Frankfurt a. M.
Slipp, Samuel (1993): Freudian Mystique. Freud, Women, and Feminism. New York, London.
Smith, Joseph H. & Mahfouz, Afaf M. (Hrsg./1994): Psychoanalysis, Feminism, and the Future of Gender. Baltimore, London.
Socarides, Ch. W. (1971): Der offen Homosexuelle. Frankfurt a. M.
Stoller, Robert (1968): The Sense of Femaleness. London.
Szanya, Anton (Hrsg./1995): Elektra und Ödipus. Zwischen Penisneid und Kastrationsangst. Wien.
Torok, Maria (1964): Die Bedeutung des »Penisneides« bei der Frau. In: Chasseguet-Smirgel, Janine (Hrsg./1974): Psychoanalyse der weiblichen Sexualität. Frankfurt a.M. 192–232.
Voigt, Diana & Jawad-Estrak, Hilde (Hrsg./1991): Von Frau zu Frau. Feministische Ansätze in Theorie und Praxis psychotherapeutischer Schulen. Wien.
Waldeck, Ruth (1992): Die Frau ohne Hände. Über Sexualität und Selbständigkeit. In: Flaake, Karin & King, Vera (Hrsg.): Weibliche Adoleszenz. Frankfurt a.M.
Weedon, Chris (1987): Wissen und Erfahrung. Feministische Praxis und poststrukturalistische Theorie. Zürich, 1990
Widmer, Peter (1990): Subversion des Begehrens. Frankfurt a.M.
Winnicott, D. W. (1973): Die therapeutische Arbeit mit Kindern. München.
Winnicott, D. W. (1965): Reifungsprozesse und fördernde Umwelt. München, 1974.
Wrye, Harriett K. & Welles, Judith K. (1994): The Narration of Desire. Erotic Transferences and Countertransferences. Hillsdale New Jersey, London.
Zilboorg, Gregory (1944): Männlich und weiblich. Biologische und kulturelle Aspekte. In: Hagemann-White, Carol (1986): Frauenbewegung und Psychoanalyse. 183–276. Basel, Frankfurt a.M.
Zizek, Slavoj (1991): Liebe Dein Symptom wie Dich selbst! Jacques Lacans Psychoanalyse und die Medien. Berlin.

Dank

Die Wechselwirkung meiner Praxistätigkeit mit dem Schreiben an dieser Arbeit und dem Austausch mit FreundInnen und KollegInnen darüber hat die Zeit der Dissertation zu einer der fruchtbarsten und spannendsten werden lassen. Deshalb möchte ich allen nochmals danken, die mich in der einen oder anderen Weise begleitet und unterstützt haben.

Allen voran danke ich Johannes Reichmayr (Wien und Klagenfurt), der mir auf meinen Konzeptentwurf antwortete: »Willkommen in Klagenfurt!« und mir von Beginn an die Unterstützung gab, die ich brauchte. Elke Mühlleitner gab mir aktuelle Feedbacks aus der feministisch-psychoanalytischen Szene in New York.

Wichtig sind mir inzwischen die regelmäßigen Treffen des »Ischler Kreises« (Karl Fallend, Uli Hutter, Uli Körbitz, Bernhard Handlbauer, Karl Mätzler) geworden, eine Plattform für unfertige psychoanalytische Projekte, die wir hemmungslos untereinander diskutieren, und dabei die kulinarischen Genüsse niemals zu kurz kommen lassen.

Im anregenden telefonischen Austausch mit Lilli Gast (Berlin) wurde unser gemeinsames Interesse an Laplanche klar. Jeder Kontakt zu ihr hat mich beflügelt und mich gezwungen, die Thematik zu beschränken sowie klar zu denken. Einmal sagte sie: »Leider können wir nicht dreidimensional denken, nicht wahr?« So ist es.

Ebenso hat mir Regina Becker-Schmidt (Hannover) nach dem Gegenlesen meines ersten Entwurfes nahegelegt, »Ballast abzuwerfen«, mich zu beschränken. Ihre Kritik war mir hilfreich.

Laplanche im Original zu verstehen, ist die eine Sache, seine Zitate ins Deutsche zu übersetzen, die andere, nicht ganz einfache. Hier hat mir Pierre Passett (Zürich) unkompliziert und rasch geholfen.

Meiner Schwester Claudia Roth danke ich für ihr ständiges Interesse an meiner Fragestellung, das mit ihrem Gebiet der Ethnopsychoanalyse und Feminismus in engem Zusammenhang steht. Seit

Beginn hat sie meine Arbeit mitverfolgt und sich unaufhörlich kritisch damit auseinandergesetzt.

Jan Morgenthaler war derjenige, der mich in Drucksituationen entspannen konnte und zugleich immer die Zeit fand, meine Texte gegenzulesen.

Bigna Rambert danke ich für die ihr eigene Art, kritische Fragen zu stellen. Dies zwang mich, mir selbst darüber klar zu werden, was ich formulieren möchte, auch wenn ich nicht jede Frage aufgenommen habe.

Die Konfrontation mit der Kritik von Uli Körbitz (Salzburg) ist herausfordernd und immer spannend, weswegen ich mich auf alle zukünftigen gemeinsamen Projekte freue.

Das Gegenlesen einer fertigen Arbeit ist zeitintensiv und nicht selbstverständlich. Dafür danken möchte ich auch Yvonne Schoch und Christina Kurz, die detailliert und engagiert die Arbeit kommentiert haben.

Außerdem erhielt ich von verschiedenen Seiten Anregungen aller Art. Was mich aber besonders freute war, daß die Arbeit Goldy Parin-Matthèy vorgelesen wurde, kurz bevor sie starb.

Schließlich ist Christoph Iseli zu erwähnen. Ich kann nicht sagen, daß ohne ihn die Arbeit nicht zustande gekommen wäre. Aber seine Präsenz und seine Anteilnahme in allen Phasen waren mir wichtig.

2002 · 439 Seiten · Broschur
EUR (D) 24,90 · SFr 43,70
ISBN 3-89806-044-6

»Hans-Jürgen Wirth hat die Plattform erreicht, auf der eine allgemeine Psychoanalyse der Politik errichtet werden kann. Der Schritt war unerlässlich.«

Paul Parin, WOZ

»Ein Buch, das den Horizont politisch interessierter Leser zu weiten im Stande ist; so häufig kommt uns das nicht in die Buchläden.«

Volker Tschuschke, Psychodynamische Psychotherapie

»Wirth gelingt der Grenzgang von psychoanalytischer Deutung öffentlich dargestellter politischer Vorgänge. Derartige Publikationen wären vor wenigen Jahren noch mit politischer, juristischer und wirtschaftlicher Macht unterdrückt worden.«

Nando Belardi in OSC

»Ein Meisterwerk politischer Psychoanalyse, in dem das Zeitalter des krankhaften Narzissmus ... verständlich wird.«

Norbert Copray in Publik-Forum

Das Buch ist »eine bittersüße Frucht der 68er-Zeit, angereichert durch eine immense psychoanalytische Bildung.«

Tilmann Moser in der Badischen Zeitung

P▦V
Psychosozial-Verlag

2003 · 414 Seiten · Broschur
EUR (D) 24,90 · SFr 43,70
ISBN 3-89806-247-3

9/11. – Dieses Datum markiert einen tiefen Einschnitt im Welt- und Selbstverständnis Amerikas und lässt auch die übrige Welt nicht unberührt. Seit den Terroranschlägen auf das World Trade Center in New York und das Pentagon in Washington steht fest, dass die Bedrohung durch den Terrorismus in der globalisierten Welt eine nie gekannte Dimension erreicht hat und die Angst vor neuen Terroranschlägen wächst. Welche psychologischen, ökonomischen, religiösen, kulturellen und politischen Ursachen hat dieser Terrorismus? Wie funktioniert die Psyche von Selbstmordattentätern? Wie gehen die Angehörigen der Opfer mit dem erlittenen Trauma um? Welche Antworten findet Amerika auf die kollektive Demütigung? Welche psychologischen Auswirkungen haben die Terroranschläge global gesehen? Renomierte Psychoanalytiker, Sozialwissenschaftler und Friedensforscher gehen diesen Fragen nach. Sie stellen Überlegungen zur psychischen Struktur der Selbstmord-Attentäter an und arbeiten Gemeinsamkeiten und Unterschiede zwischen den Selbstmord-Attentätern vom 11. 9. und den palästinensischen Selbstmord-Attentätern heraus.

P🕮V
Psychosozial-Verlag

2004 · 166 Seiten · Broschur
EUR (D) 16,00 · SFr 28,60
ISBN 3-89806-311-9

10 Variationen über Sexualität und alles, was mit ihr zusammenhängt: Liebe, Perversionen, Konflikte, Moral, Beziehungen, Familien – spannend, ein wenig verblüffend und durchaus provozierend.

Aus dem Inhalt:
Die Moral des Zustandekommens
Die partnerschaftliche und familiäre Revolution
Vom Trieb zum designten Verlangen
Vom Geschlechterkampf zum »Gendergame«
Perversionen oder Sex ist eine »fuzzy matrix«
Sexuelle Störungen oder die alltägliche Widerspenstigkeit der Sexualität
Liberal und zivil: Sexualität Jugendlicher
Über dritte, vierte und fünfte Geschlechter
Gibt es Heterosexualität?

P🔲V
Psychosozial-Verlag

*Übersetzt von Karl-Udo Bigott
Mit einem Nachwort von
Hans-Jürgen Wirth
und 14 Fotografien von
Raymomd Depardon*

*2004 · 251 Seiten · Broschur
EUR (D) 19,90 · SFr 34,90
ISBN 3-89806-933-8*

Es geschah 1994, zwischen Montag, dem 11. April, 11 Uhr, und Samstag, dem 14. Mai, 14 Uhr: Rund 50.000 der etwa 59.000 Menschen zählenden Tutsi-Bevölkerung wurden auf den Hügeln der Gemeinde Nyamata in Ruanda mit der Machete abgeschlachtet – von Milizleuten und ihren Hutu-Nachbarn, tagtäglich von 9.30 bis 16 Uhr. Das ist der Ausgangspunkt dieses Buches.

Einige Tage zuvor, am 6. April 1994, war das Flugzeug des Präsidenten der Republik beim Landeanflug auf die Hauptstadt explodiert. Dieses Attentat hat die vorbereitete Ermordung der Tutsi-Bevölkerung ausgelöst: Sie beginnt in der Hauptstadt und dehnt sich dann auf das ganze Land aus. In Nyamata, einem Marktflecken in Bugesera, dem Land der Hügel und Sümpfe, beginnt das Morden vier Tage später. Nur wenige Tutsis überleben die Massaker.

Der Journalist Jean Hatzfeld hat Nyamata besucht und vorsichtig das Vertrauen einiger Überlebender gewonnen. Sie brechen ihm gegenüber ihr Schweigen und erzählen in einfacher fast poetischer Sprache, was ihnen widerfahren ist.

Diese Berichte von Kindern, Frauen und Männern sind ergreifend und erreichen mit ihrer authentischen Kraft eine allgemeingültige Dimension.

Jeder, der diese Berichte gelesen hat, wird sie nicht mehr vergessen.

Ausgezeichnet mit dem Preis »France Culture 2000« und dem »Prix Pierre Mille«.

**P V
Psychosozial-Verlag**

2004 · 326 Seiten · Broschur
EUR (D) 24,90· SFr 43,70
ISBN 3-89806-272-4

»Spannung, Widerspruch und Konflikt scheinen elementare Lebensprozesse zu sein: in unseren Zellen, im Bereich unseres Seelenlebens, aber auch zwischen Menschen, zwischen Menschengruppen, zwischen Völkern. Konflikte bewegen uns sowohl in und mit uns selbst (...) als auch im mitmenschlichen Bereich (...). Es gibt Konflikte in Zusammenhang mit Meinungen, mit Einstellungen, mit Überzeugungen, mit religiösen Glaubenssystemen; es gibt Konflikte zwischen unterschiedlichen Wünschen und Ansprüchen, es gibt Erwartungskonflikte, es gibt Rollenkonflikte und vieles mehr. Der Mensch ist also nicht nur harmoniebedürftig, er ist ganz wesentlich ein konflikthaftes Wesen.«

Peter Geißler

Ausgehend von dieser These thematisieren erfahrene Mediatoren aktuelle Entwicklungen der Mediation als Lösungsmodell sowohl innergesellschaftlicher Konflikte (wie die Flughafen-Mediation in Wien), als auch internationaler, interkultureller, Konfliktfelder und sie wagen einen bereichernden Blick über den Tellerrand der Mediationspraxis hinaus in angrenzende Bereiche wie die Körpertherapie, die Psychoanalyse und den Sport.

P🗝V
Psychosozial-Verlag

2004 · 336 Seiten · Broschur
EUR (D) 34,00 · SFr 58,90
ISBN 3-89806-338-0

2004 · 490 Seiten · Broschur
EUR (D) 38,00 · SFr 65,30
ISBN 3-89806-339-9

Beide zusammen:
EUR (D) 50,00 · SFr 86,30
ISBN 3-89806-340-2
Subskriptionspreis
bis 30.06.2004 dann 60 €

Die »Schriften zur Psychoanalyse« umfassen mit ihrer zweibändigen Edition eine Auswahl wichtiger Schriften des wohl nach Freud bedeutendsten Psychoanalytikers. Nachdem im Psychosozial-Verlag die Werke lange vergriffener Klassiker – Karl Abraham, Otto Fenichel und Otto Rank – in den letzten Jahren wieder aufgelegt worden sind, wird nun mit den Schriften von Ferenczi ein weiterer Pionier der psychoanalytischen Bewegung dem Leser wieder zugänglich gemacht.

Die Ausgabe ist ein Reprint der vergriffenen S. Fischer-Ausgabe von 1970.

P☒V
Psychosozial-Verlag

www.ingramcontent.com/pod-product-compliance
Lightning Source LLC
LaVergne TN
LVHW041707060526
838201LV00043B/611